CONTRA EL ESTADO
TESIS SOBRE GUERRA, REVOLUCIÓN Y PROLETARIADO

COLOSSUS
25

CALUMNIA
2026

**Legu, kopiu, diskonigu, reverku,
kantu, muzikigu, kriu, recitu
ĉi Libron, Diskonigu la Ideon!**

Llegiu, copieu, difoneu, reescriviu,
canteu, musiqueu, crideu, reciteu
aquest Llibre, Difoneu la Idea!

Contra el estado.
Tesis sobre guerra, revolución y proletariado
Texto: Agustín Guillamón

Edición: Jordi Maíz | Raúl Montilla Torres

Colección Colossus, n. 25, 13x18 cm, 188 p., 2026.

CALUMNIA EDICIONS
info@calumnia-edicions.net

abril de 2026
ISBN 979-13-991244-5-3
DL: PM-00210-2026

AGUSTÍN GUILLAMÓN

CONTRA EL ESTADO
TESIS SOBRE GUERRA, REVOLUCIÓN Y PROLETARIADO

01
DEMOCRACIA, LIBERTAD Y COMUNIDAD HUMANA

Sólo nos interesa la crítica de la democracia desde el punto de vista de su superación en la práctica de unas nuevas relaciones sociales de producción, que la despojen de su actual naturaleza de clase. Crítica de la democracia y crítica del totalitarismo son al mismo tiempo crítica de dos formas distintas pero complementarias de gobierno del capitalismo.

Se trata de vislumbrar las formas y el contenido de la autoorganización propias de un mundo sin clases, sin ejército ni policías ni fronteras, sin salariado ni capital, sin Estado. La democracia representativa es una forma alienada de la libertad humana.

Cuando hablamos de libertad, hablamos de la libertad de los esclavos asalariados, de la libertad de aquellos que no tenemos poder de decisión sobre las leyes, decretos o acuerdos que afectan a nuestra vida cotidiana y al futuro de nuestros hijos. Cuando hablamos de libertad hablamos de suprimir cualquier separación entre dirigentes y dirigidos, entre representantes y representados. Hablamos de la libertad de los excluidos y marginados del sistema. Hablamos de la libertad y del poder de decisión de la inmensa mayoría, actualmente ninguneada por unas periódicas elecciones de unos representantes que no nos representan.

Libertad y democracia son opuestas y contradictorias, porque la libertad es incompatible con la existencia del Estado. En el polo opuesto, el fascismo se opone a la democracia porque considera que ésta es incapaz de una defensa eficaz del Estado.

Los fundamentos de la democracia burguesa son la desigualdad económica y la explotación del trabajo asalariado. Si la emancipación de los trabajadores de la explotación capitalista ha de ser obra de los propios trabajadores, si los trabajadores han de emanciparse por sus propios medios, si nadie nos representa ni puede representarnos porque el sistema los convierte en defensores del sistema capitalista y de su lógica electoralista, ha llegado la hora de ejercer la democracia directa desde el poder de decisión sobre todo aquello que afecta a nuestras vidas y al futuro de nuestros hijos.

La revolución social consiste en crear nuevas relaciones sociales no mercantiles, de carácter cooperativo, solidario

La ideología demócrata impone la ilusión de que la democracia es el conjunto de métodos, representatividad y derecho que aseguran y reglamentan la vida social de los ciudadanos libres. La representación parlamentaria se asienta sobre la ficción de que se abandona la violencia, que el Estado es un árbitro justo e imparcial y de que todos los ciudadanos son iguales ante la ley.

Los discursos sobre la democracia y los derechos humanos aparecen como inapelables y destierran en teoría la violencia de las relaciones sociales, excepto cuando atañe a los intereses económicos, impuestos tiránicamente por el FMI o el Banco Mundial a pueblos y ciudadanos indefensos con durísimas medidas que afectan a su vida cotidiana y al futuro de las próximas generaciones.

La democracia burguesa se fundamenta en la existencia de individuos aislados, insolidarios y separados entre sí, en los que la libertad de cada individuo es delimitada por la libertad de otro individuo.

La libertad sólo puede expresarse desde la Comunidad humana, en el seno de una sociedad comunista, solidaria e igualitaria que, a día de hoy, jamás ha visto la luz en el planeta.

y fraternal. Ha de suprimir las divisiones empresariale, dinero como mediador universal y el trabajo como act dad separada de la vida cotidiana. Es una tarea inmer pero también es un programa irrenunciable, porque e única vía a un mundo humano y sostenible.

El parlamentarismo es el pacto y la negociación perr nente que establecen entre sí los distintos partidos del pital para encontrar la gestión más adecuada y rentable (capitalismo, que unas veces puede ser la democráti otras la fascista, y a veces una sabia combinación de ar bas. Una organización revolucionaria de la clase explota no puede ser parlamentaria, y en cuanto se hace par mentaria deja de defender los intereses de la clase explot da.

Las elecciones democráticas disfrazan la brutal y perm nente violencia política, social y económica de la bu guesía contra el proletariado con una papeleta de voto, a que se atribuyen poderes mágicos y que esconde la ilusió de poder cambiar "algo" por medios parlamentarios. I Estado aparece como un árbitro neutral, pero es sólo u disfraz fetichista que en momentos de crisis no pued ocultar que su papel no es, ni puede ser otro, que el de g, rante del sistema capitalista en contra de las revueltas rebeliones del proletariado.

El comunismo presupone la destrucción del Estado, del dinero y de las empresas, esto es, de la separación entre productor y producción. La Comunidad humana no es democrática ni totalitaria; está más allá de la política. Se fundamenta en la desaparición de ese individuo egoísta, aislado e insolidario, propio de la sociedad burguesa y del capitalismo. Da paso al espécimen humano solidario, insertado en una colectividad, que coopera con los demás seres humanos y desea proteger a las generaciones futuras, sin más ambición ni perspectiva que el de conservar los recursos naturales y mejorar el porvenir de la especie, hoy amenazada de extinción.

Libertad y poder van íntimamente unidos. No hay libertad sin poder. Libertad es siempre el poder de decidir sobre todas aquellas cuestiones que afectan a nuestra vida cotidiana y al futuro de nuestros hijos y nietos. Libertad es siempre el poder de hacer cosas sin limitaciones por parte de organismos ajenos a la Comunidad humana, sin sumisiones a fetiches de ningún tipo, ya sean el Estado, la patria, el líder o la Sagrada Economía.

Libertad es el poder colectivo de acordar las prioridades y la satisfacción de las necesidades por parte de la Comunidad humana, fruto de la propensión de los humanos a asociarse y a transformarse en esa asociación.

Que las relaciones entre individuos en la sociedad capitalista otorgan el poder a determinados líderes para representarnos a todos y decidirlo todo, en lugar de que decida la mayoría. Esa representatividad eterna, esa delegación del poder de decidir se fija en formas permanentes de representación: las instituciones estatales. La existencia de ese poder institucionalizado es incompatible con la libertad. Estado y libertad son incompatibles. Individuo y libertad son polos opuestos, porque la individualidad egoísta es propia de la sociedad capitalista y de su separación de los individuos respecto a la Comunidad humana. La libertad sólo es posible en el seno de la comunidad, como partícipe de una colectividad en una sociedad comunista, como miembro de la especie humana.

La abolición del Estado supone oponerse a una sociedad en la que los diversos poderes están institucionalizados, centralizados y jerarquizados con el único objetivo de perpetuar la división de la sociedad en clases. Poder y libertad son inseparables. La libertad es el poder de actuar sobre la realidad y las condiciones de nuestra existencia para transformarla. La libertad no es una bella idea abstracta y luminosa, pero inoperante, sino una lucha constante, una organización eficiente y una conquista histórica. Un esclavo sólo puede ser libre cuando lucha por su libertad y en ese mismo combate, aunque perezca en la lucha.

La libertad es una idea que nace con la emancipación práctica del individuo en el seno de sociedades esclavizadas y autoritarias, que sólo alcanzará su objetivo y realización final en una sociedad sin clases y sin Estado en la que los individuos dejen de estar separados y enfrentados porque forman parte de la Comunidad humana en el seno de una sociedad comunista y solidaria.

La democracia es el terreno privilegiado de la contrarrevolución, donde los intereses divergentes de la sociedad capitalista se reconocen en su oposición, a condición de plegarse siempre al llamado "interés general", esto es, al respeto al Estado como árbitro "neutral". En sus comienzos la democracia sólo fue política y el Estado democrático aparecía como defensor de la comunidad de seres humanos creada por el sufragio universal. Su separación de la vida social era patente. El patrón se limitaba a comprar la fuerza de trabajo al menor coste posible, o a aumentar la jornada laboral sin aumentar los salarios. La principal intervención del Estado era la represión obrera.

Más tarde apareció el Estado del bienestar, y en tiempos de Bismarck el Estado ya aparecía como regulador e intermediario que aseguraba salarios, seguridad social, horarios de trabajo, así como una fuerte presencia de la socialdemocracia en el Parlamento que aseguraba la posibilidad de importantes reformas y la integración del movimiento obrero en la sociedad y el Estado alemán. El llamado Estado del bienestar alcanzó su cénit en Estados Unidos, Europa y Japón en los treinta años que siguieron al final de la Segunda guerra mundial. Capitalismo y democracia aparecían como el mejor de los mundos posibles en toda la historia de la humanidad: una sociedad imperfecta pero mejorable.

Tras la crisis de 2008, y la consiguiente depresión, el Estado del bienestar ha quebrado en todas partes y hoy los individuos están sometidos a influencias impersonales y deshumanizadas, que obedecen ciegamente a la lógica abstracta, incomprensible e irracional de la Sagrada Economía. Jamás los individuos se habían enfrentado a una dominación tan impersonal, omnipresente, ajena y extraña, tan intangible como la actual.

En otros tiempos se podía soñar con matar al tirano, e incluso a veces las grandes revoluciones lo hacían, como sucedió con Luis XVI. Hoy es una tontería creer que cambiaría algo derrocando o juzgando al tirano tal o cual, o a tal o cual líder. Sería un gesto tan inútil como votar a su favor o en su contra. Cuanto más impotente es el "ciudadano" para cambiar su vida cotidiana, más debe escenificarse la infinita conquista de derechos ficticios en el teatral escenario de las elecciones democráticas. Goza de especial relieve mediático y propagandístico la puesta en escena del derecho a designar a nuestros representantes en el municipio, las autonomías o el Estado. Representante que de hecho no representa nada ni a nadie, como no sea los intereses de los grandes grupos de presión (lobbies) o del interés general del capital financiero internacional.

Pero la gente sigue votando a sus representantes, incluso ilusionada cuando aparecen nuevas caras, ya que por lo menos se nos garantiza que no vivimos bajo una dictadura totalitaria donde el terror es permanente y se practica la tortura en los sótanos de los ministerios. Mejor la democracia que un terror policial y estatal evidente. Y es así como el terror domina incluso en territorios donde no se practica la tortura y en el pensamiento de individuos no amenazados. Por eso, en todos los países, surgen democráticas leyes mordaza que reducen a la nada derechos y libertades de expresión, de asociación, de manifestación, de sindicación y huelga... que protegen el derecho de nuestros representantes a representarnos y anularnos política y socialmente.

Agustín Guillamón, Barcelona, noviembre 2015
Publicado en catalán en *Catalunya* número 183
(junio 2016).

02
DERECHOS HUMANOS

A Emilio Madrid, in memoriam.

¿Qué son los derechos humanos? En las revoluciones burguesas de Francia y Estados Unidos de finales del siglo XVIII, los llamados derechos del hombre aparecen configurados como derechos políticos. Los derechos del hombre se diferencian de los derechos del ciudadano. El hombre tiene unos derechos naturales por el mero hecho de haber nacido (aunque inicialmente se excluía a la mujer y a los esclavos); el ciudadano tiene unos derechos como hombre que vive en sociedad.

Los derechos del hombre se reconocían como tales porque se consideraba que existían previamente a la Revolución francesa, eran unos derechos universales y naturales que se reconocían como tales en la Declaración de derechos del hombre.

Debe constatarse que los llamados derechos del hombre, diferenciados de los derechos del ciudadano, no son sino los derechos del individuo burgués, del miembro de la sociedad civil, vale decir, del hombre egoísta, del hombre separado de los otros hombres y de la comunidad. La constitución más radical, la Constitución de 1793, decía en su artículo 2: "Estos derechos, (los derechos naturales e imprescriptibles) son: la igualdad, la libertad, la seguridad, la propiedad".

¿En qué consiste la libertad? En su artículo 6 afirma: "La libertad es el poder que pertenece al hombre de hacer todo lo que no perjudique los derechos de otro"; o, según la Declaración de los derechos del hombre de 1791: "La libertad consiste en poder hacer todo lo que no perjudique a otro".

La libertad es, pues, el derecho de hacer y de ejercer lo que no daña a otro. El límite es establecido por la ley, del mismo modo que se delimitan dos campos: mediante una cerca. Se trata de la libertad del hombre como un individuo, aislado y autosuficiente, replegado sobre sí mismo.

Por esta razón, el derecho del hombre a la libertad no se basa en la relación del hombre (individuo) con otro individuo, sino más bien en el aislamiento del individuo respecto de otro individuo. Es el derecho al aislamiento, el derecho del individuo limitado: limitado a sí mismo y separado de la comunidad.

La aplicación práctica del derecho del hombre a la libertad es el derecho individual a la propiedad privada.

¿En qué consiste el derecho del hombre a la propiedad privada? Según el artículo 16 de la Constitución francesa de 1793: "El derecho de propiedad es el que pertenece a todo ciudadano de gozar y disponer a su antojo de sus bienes, de sus rentas, del fruto de su trabajo y de su industria".

El derecho a la propiedad privada es el derecho a gozar arbitrariamente del propio patrimonio. Dicha libertad individual es el fundamento de la sociedad civil, dejando que cada hombre encuentre en otro hombre no la realización, sino más bien el límite de su libertad. El derecho a la propiedad es el derecho fundamental de la sociedad burguesa y del capitalismo.

Quedan todavía los otros derechos del hombre: la igualdad y la seguridad.

La igualdad no es sino la igualdad de todos los individuos ante la ley. El artículo 3 de la Constitución de 1795 la define de este modo: "La igualdad consiste en que la ley es la misma para todos, sea que proteja o que castigue". La igualdad es siempre igualdad jurídica, nunca una igualdad económica, social o política.

¿Y la seguridad? En el artículo 8 de la Constitución de 1793 es definida así: "La seguridad consiste en la protección acordada por la sociedad a cada uno de sus miembros para la conservación de su persona, sus derechos y sus propiedades".

La seguridad es el supremo concepto social de la sociedad civil burguesa, el concepto de la policía como garante y sustento del orden social: que toda la sociedad existe sólo para garantizar a cada uno de sus miembros la conservación de su persona, de sus derechos y de su propiedad. El concepto burgués de seguridad le reafirma en su esencial egoísmo. La seguridad es más bien el seguro de su egoísmo, el derecho a su propiedad.

De la gloriosa trilogía del lema de la Revolución francesa, en sus inicios: libertad, igualdad y fraternidad, ya se había sustituido a la fraternidad por la propiedad. En el invierno de 1795-1796 la reivindicación de los sansculottes del derecho a la vida, esto es, del derecho a no morirse de hambre, había sido derrotada a cañonazos por Napoleón en las calles de París. Prevalecía el derecho a la seguridad de los burgueses: la propiedad era prioritaria, sagrada e inmutable.

Esos mismos cañones asentaban la democracia representativa como la única posible y arrasaban con la práctica de democracia directa que ejercían los sans-culottes.

Así, pues, ni uno solo de los llamados derechos del hombre va más allá del hombre egoísta, del individuo aislado y replegado sobre sí mismo, sobre su interés privado y su arbitrio privado, y siempre separado de la comunidad. La sociedad, aparece como un marco exterior a los individuos, como restricción de su independencia originaria. El único vínculo que les mantiene juntos es la exigencia natural, la necesidad y el interés privado, la conservación de su propiedad y de su persona egoísta.

Esta visión del hombre como individuo aislado, egoísta, y siempre preparado para satisfacer insolidariamente sus necesidades individuales no se corresponde de ningún modo con los datos que nos revelan la antropología y la historia. Es imposible concebir al hombre de la prehistoria como individuo aislado de la comunidad, sin relación con el grupo tribal y ajeno a los intereses de la especie humana.

Los llamados derechos humanos, tan mitificados como manipulados, que nos quieren hacer aceptar como algo bueno que debemos defender y como algo propio del hombre por el sólo hecho de ser hombre; que por tanto son naturales porque nacieron con el hombre y morirán con él, son simplemente los derechos del hombre burgués y como tales ni son proletarios ni éstos tienen ninguna razón para defenderlos; que los tales derechos de igualdad, libertad, seguridad, propiedad, son específicos del burgués y que como tales tienen un origen histórico y tendrán un final; que por tanto, tampoco son intrínsecos al hombre en general, ni por consiguiente inmutables y eternos.

La igualdad no debe ser puramente aparente, no debe realizarse sólo en la esfera del Estado, sino en la realidad; es decir, en el terreno social y económico. El verdadero contenido de la reivindicación proletaria de la igualdad es la abolición de las clases sociales. La idea de igualdad, tanto en su forma burguesa como en su forma proletaria, es un producto de la historia y supone necesariamente circunstancias históricas determinadas.

Queda claro el carácter burgués de los derechos del hombre y su carácter histórico, temporal, que no forman parte de la naturaleza humana.

La defensa de los derechos humanos y de la democracia es divulgada incesante y machaconamente por los mismos que ostentan el poder político y económico en los países más desarrollados y que continuamente provocan del modo más despiadado todas las guerras que hay en el mundo y que causan hambre, sed, miseria, enfermedades, miedos y opresiones sin fin. Divulgan aquella ideología supuestamente pacifista de defensa de los derechos humanos y de la democracia precisamente para desarmar a aquellos mismos a los que han de explotar y masacrar. Por eso hay que denunciar esa ideología pacifista como lo que es: un arma del enemigo para vencernos. La única solución para terminar con toda clase de calamidades y miserias es la de eliminar a quien las engendra permanentemente, a saber, el capitalismo, ya sea en su forma democrática o fascista, pues ambas formas no son más que manifestaciones de la dictadura del Capital. Y la única forma de acabar con el Capital es luchando por una sociedad sin clases, es decir, la sociedad comunista e igualitaria.

No se trata de defender unos derechos humanos ficticios, sino de examinar la situación actual y ver qué intereses reales defienden todos esos Estados democráticos y otras instituciones, tras la máscara de los derechos humanos que dicen defender.

Las leyes propias del mercado crean las condiciones aptas para el surgimiento de regímenes dictatoriales, necesarios para el sometimiento y explotación de las poblaciones de los países pobres.

Hay que investigar qué causas materiales, qué condiciones históricas permiten y hasta favorecen el surgimiento de las dictaduras y los dictadores, pues no son éstos quienes moldean la historia, sino que es, muy en primer lugar, el desarrollo de las fuerzas productivas el que da origen a una u otra clase de gobierno, teniendo en cuenta el contexto general, histórico y geográfico.

El carácter abstracto de la libertad y de la igualdad bajo el Capital no impide que tales nociones tengan un contenido real. El capitalismo es el régimen que impone la esclavitud asalariada y la marginación de aquellos miserables que no pueden acceder a ser explotados. Dinero y Estado se imponen como los grandes mediadores sociales: el dinero como medida del valor de todas las mercancías (incluida la mercantilización de las relaciones humanas); el Estado como árbitro que impone la defensa del orden democrático y burgués, así como las sanciones contra sus adversarios.

La democracia no es un dogma, ni una realidad inmutable a la que se puede recurrir como a algo permanente, intrínsecamente igual a sí misma, como algo separado de lo demás, como algo metafísico. Por el contrario, la democracia es un producto de la Historia, es el fruto de la evolución de la sociedad a través del tiempo. En los tiempos modernos, el liberalismo y la democracia nacieron como oposición al régimen que le precedía, el feudalismo, un régimen ya caduco históricamente, lo que hacía que la democracia fuese revolucionaria al nacer, porque alumbraba una sociedad nueva, opuesta y superior a la precedente.

Económicamente superaba al feudalismo, desarrollando extraordinariamente los medios de producción, y políticamente, liberando a los individuos del vasallaje feudal y creando un Estado "neutral" en el que todos los ciudadanos eran *jurídicamente* iguales. El pleno desarrollo de la democracia corresponde al pleno dominio de la burguesía como clase, cuando ésta, a través del pleno desarrollo del capitalismo, lo somete todo a su poder y no deja que nadie se lo dispute. Para conservarlo, se vuelve conservadora, reaccionaria, y para conseguirlo no duda en destruir su misma razón de ser: el desarrollo histórico de las fuerzas productivas en proporciones gigantescas. Hoy, el capitalismo destruye y degrada los recursos naturales, los bosques, los océanos, la tierra, la atmósfera, los alimentos, la existencia de millones de personas, no dudando en aplastar y masacrar la fuente que le da vida: el trabajo vivo, la fuerza de trabajo, de cuya explotación extrae la plusvalía que es al Capital lo que el oxígeno para el ser humano. Llegada a este punto, la democracia no es revolucionaria como lo fue al nacer, ni siquiera está justificada históricamente como en su etapa de esplendor, de desarrollo de las fuerzas productivas. Se ha vuelto reaccionaria, y para poder alargar algo su existencia recurre a ardides tales como la hoja de parra de los supuestos "derechos humanos" que tape sus vergüenzas ante millones y millones de explotados y oprimidos, vergüenzas que no pueden tapar porque están tan a la vista como lo están la explotación, la represión y toda clase de injusticias y sufrimientos de la mayor parte de la población mundial, causados precisamente por los mismos que se proclaman defensores de la democracia y de los derechos humanos, como son todos los Estados capitalistas desarrollados, cuyos dirigentes son destacados campeones de tales consignas. Y es lógico que así sea, porque la democracia es el régimen político de la burguesía, clase explotadora por excelencia, y los derechos humanos no son más que los derechos del hombre burgués, del hombre egoísta, del individuo aislado e insolidario.

Así pues, lo que hay que defender no es la democracia, ni los derechos humanos, de carácter burgués, sino el derecho de los explotados y oprimidos a rebelarse contra el dominio y la esclavitud del Capital y de establecer una nueva sociedad sin clases, sin explotación, sin dinero, sin ejércitos, sin plusvalía, sin opresión, sin Estados.

Publicado en *Catalunya* núm. 173 (junio 2015).

03
¿QUÉ ES EL ESTADO? REFLEXIONES SOBRE LA VIOLENCIA POLÍTICA

El Estado detenta el monopolio del poder político y en consecuencia pretende el monopolio de la violencia, la definición de legalidad y la administración de la justicia. Cualquier desafío a ese monopolio de la violencia se considera como delincuencia, y atenta contra las leyes y el orden capitalista.

Podemos encontrar mil definiciones distintas del Estado. Pero básicamente se reducen a dos. Una, amplia, que habla históricamente del Estado ya en las primeras civilizaciones de Mesopotamia y Egipto, y después de Grecia y Roma, que no vamos a utilizar, y que es inadecuada para estudiar la actual sociedad capitalista en la que vivimos. Se trata de una definición que, en todo caso, necesita calificar al Estado con el modo de producción imperante: Estado esclavista, Estado feudal, Estado capitalista. Otra, reducida, en la que se utiliza el concepto actual del Estado, o Estado capitalista, o Estado moderno, como poder soberano absoluto o único en cada país, que es la que aquí utilizaremos.

El Estado es una forma histórica reciente de organización política de la sociedad, surgida hace unos quinientos años, en algunos países, con el fin del feudalismo, el auge del mercantilismo y las primeras manifestaciones del sistema de producción capitalista. La aparición del Estado capitalista suponía la desaparición de las formas feudales de organización política.

El concepto de Estado moderno surge con la aparición histórica del sistema de producción capitalista. Es la organización política adecuada al capitalismo. La proyección de este concepto a las antiguas civilizaciones sería social y políticamente un anacronismo infértil y confuso.

En la sociedad feudal la soberanía era entendida como una relación jerárquica entre una pluralidad de poderes. El poder del Rey se fundamentaba en la fidelidad de otros poderes señoriales y los poderes del Rey eran venales, esto es, podían venderse o cederse a la nobleza: la administración de la justicia, el reclutamiento del ejército, la recaudación de los impuestos, los obispados, etcétera, podían ser vendidos al mejor postor o adjudicados en una compleja red de favores y privilegios. La soberanía residía en una pluralidad de poderes, que podían subordinarse o competir entre sí.

El Estado, en la sociedad capitalista, convierte la soberanía en un monopolio: el Estado es el único poder político del país. El Estado detenta el monopolio del poder político, y en consecuencia, pretende el monopolio de la violencia, la definición de legalidad y la administración de la justicia. Cualquier desafío a ese monopolio de la violencia se considera como delincuencia, y atenta contra las leyes y el orden capitalistas, y por lo tanto es perseguido, castigado y aniquilado.

En la sociedad feudal las relaciones sociales estaban basadas en la dependencia personal y el privilegio. En la sociedad capitalista las relaciones sociales sólo pueden darse entre individuos jurídicamente libres e iguales. Esta libertad e igualdad jurídicas (que no de propiedad) son indispensables para la formación y existencia de un proletariado que provea de mano de obra barata a los nuevos empresarios fabriles. El obrero ha de ser libre, también libre de toda propiedad, para poder estar disponible y preparado para alquilarse por un salario al amo de la fábrica. Ha de ser libre y carecer de toda dependencia de la tierra que labraba, y de todo sustento o propiedad, para ser expulsado por el hambre, la pauperización y la miseria hacia las nuevas concentraciones industriales donde pueda vender la única mercancía que posee: sus brazos, esto es, su fuerza de trabajo.

A estas nuevas relaciones sociales, propias del capitalismo, les corresponde una nueva organización política, distinta de la feudal: un Estado que monopoliza todas las relaciones políticas. En el capitalismo todos los individuos son libres e iguales (jurídicamente) y nadie guarda ninguna dependencia política respecto al antiguo señor feudal o al nuevo amo de la fábrica. Todas las relaciones políticas son monopolizadas por el Estado.

En los modos de producción precapitalistas las relaciones de producción eran también relaciones de dominación. El esclavo era propiedad de su amo, el siervo estaba ligado a la tierra que trabajaba o dependía de un señor. Esa dependencia ha desaparecido en el capitalismo. El Estado es pues producto de las relaciones de producción capitalistas. El Estado es la forma de organización específica del poder político en las sociedades capitalistas. Existe una separación radical entre la esfera económica, la social y la política.

El Estado monopoliza el poder, la violencia y las relaciones políticas entre los individuos en las sociedades en las que el modo de producción capitalista es el dominante. A diferencia de lo que sucedía con las instituciones políticas precapitalistas, el Estado NO ES UNA RELA-CION DE PRODUCCION. En el sistema de producción capitalista el capital no es sólo el dinero, o las fábricas, o las maquinarias, el capital es también una relación social de producción, y precisamente la que se da entre los proletarios, vendedores de su fuerza de trabajo por un salario, y los capitalistas, compradores de la mercancía "fuerza de trabajo". El Estado debe garantizar el mantenimiento y reproducción de las condiciones que posibilitan la existencia de esas relaciones sociales de producción, esto es, la compra-venta de la mercancía fuerza de trabajo.

El Estado ha surgido recientemente, hace unos quinientos años, y desaparecerá con las relaciones de producción capitalistas. El Estado pues no es eterno, ha tenido un origen muy reciente y tendrá un fin, más o menos cercano.

La teoría política del Estado nació en la Inglaterra del siglo XVII, paralelamente a ese proceso histórico conocido como la Revolución Industrial, con Hobbes.

Hobbes no es sólo el primer teórico, desde el punto de vista cronológico, sino que toda la problemática actual sobre el Estado está ya en Hobbes (y en Locke).

Desde Platón hasta Maquiavelo la teoría política preestatal caracteriza el poder político y la comunidad como algo NATURAL, e identifica comunidad civil y comunidad política. Desde Hobbes la teoría política estatal define el Estado como un ente ARTIFICIAL, separa los conceptos de comunidad civil (sociedad civil) y comunidad política (Estado) y plantea la cuestión de la reproducción del poder político.

El Estado surge desde una contradicción, que le da origen y razón de ser, entre la defensa teórica del bien común o general y la defensa práctica del interés de una minoría. La contradicción existente entre la ilusión de defender el interés general y la defensa real de los intereses de clase de la burguesía. La razón de ser del Estado no es otra que garantizar la reproducción de las relaciones sociales de producción capitalistas. El Estado, por esta misma razón, es incapaz de superar la contradicción existente entre la defensa del interés general (e histórico) de la sociedad (y de la especie humana), que en teoría afirma defender, y los intereses inmediatos del capital y su reproducción, que en la práctica son su objetivo prioritario y exclusivo. El Estado no puede confesar su incapacidad para enfrentarse a los intereses inmediatos de reproducción del capital, ni su permanente necesidad de impulsar el ciclo de valorización, que supone agotar los recursos naturales, contaminar el planeta hasta niveles suicidas, hipotecar el porvenir de las futuras generaciones y poner en peligro la continuidad de la especie humana.

Sin embargo, el Estado, cosificado en sus instituciones, es la máscara de la sociedad, con apariencia de una fuerza externa movida por una racionalidad superior, que encarna un orden justo al que sirve como árbitro neutral. Esta fetichización del Estado PERMITE que las relaciones sociales de producción capitalistas aparezcan como meras relaciones económicas, no coactivas, al mismo tiempo que DESAPARECE el carácter opresivo de las instituciones estatales. En el mercado, trabajador y empresario aparecen como individuos libres, que realizan un intercambio "puramente" económico: el trabajador vende su fuerza de trabajo a cambio de un salario. En ese intercambio libre, "sólo" económico, ha desaparecido toda coacción, y el Estado no ha intervenido para nada: no está, ha desaparecido.

La escisión entre lo público y lo privado es una condición necesaria de las relaciones de producción capitalistas, porque sólo así APARECEN como acuerdos libres entre individuos jurídicamente libres e iguales, en las que la violencia, monopolizada por el Estado, ha desaparecido de escena. De todo esto resulta una CONTRADICCIÓN entre el Estado COMO FETICHE, que debe ocultar su monopolio de la violencia, y la coacción permanentemente ejercida sobre el proletariado para garantizar las relaciones de producción capitalistas, esto es, de mantenimiento de las condiciones de explotación del proletariado por el capital; y el Estado COMO ORGANIZADOR DEL CONSENSO social y de la legalidad, que convoca elecciones libres, permite partidos y asociaciones obreras, legisla conquistas laborales como la asistencia sanitaria, pensiones, horarios, etcétera.

En caso de crisis el Estado capitalista desvela inmediatamente que es antes Estado capitalista que Estado nacional, de pueblos o ciudadanos. El componente coactivo del Estado, ligado a la dominación de clase, es la ESENCIA FUNDAMENTAL de éste, que aparece diáfana cuando consenso social y legitimación estatal son sacrificados en el altar de la sumisión del proletariado a la explotación del capital.

El Estado surge de esa relación contradictoria. Pretende ocultar su papel represor, como garante de la dominación de clase mediante el monopolio de la violencia, al tiempo que quiere aparecer como organizador del consenso de la sociedad civil, que a su vez legitima al Estado como árbitro neutral. Con esto el Estado fortalece además su dominio ideológico y consigue un dominio más completo y encubierto de la sociedad civil. El Estado, por supuesto, criminaliza toda violencia política (revolucionaria o no) que escape a su monopolio.

Las instituciones fundamentales del Estado son el ejército permanente y la burocracia. Las tareas del ejército son la defensa de las fronteras territoriales frente a otros Estados, las conquistas imperialistas, para ampliar los mercados y acaparar materias primas, y sobre todo la garantía última del orden establecido frente a la subversión obrera y las insurrecciones proletarias. Las tareas de la burocracia son la administración de todas aquellas funciones que la burguesía delega en el Estado: educación, policía, salud pública, prisiones, correo, ferrocarriles, carreteras... El funcionario del Estado, desde el maestro de escuela al catedrático, del policía al ministro, del cartero al médico desempeñan funciones necesarias para la buena marcha de los negocios de la burguesía, mientras no sean un buen negocio para ésta, en cuyo caso se privatizan.

El Estado es la ORGANIZACIÓN del dominio político, de la coacción permanente y de la explotación económica del proletariado por el capital.

El Estado no es pues una máquina o instrumento que pueda utilizarse en un doble sentido: ayer para explotar al proletariado, mañana para emancipar al proletariado y oprimir a la burguesía. No es una máquina que pueda conquistarse, ni que pueda manejarse al antojo del maquinista de turno. El proletariado no puede conquistar el Estado, porque es la ORGANIZACIÓN política del capital: ha de destruirlo. Si un partido fortalece o reconstruye el Estado, o se limita a conquistar el Estado, no estamos ante una revolución proletaria, sino ante otra forma de capitalismo. El ejemplo histórico más destacado fue el capitalismo de Estado de la extinta Unión Soviética. El Estado no puede ser ABOLIDO de la noche a la mañana por un decreto "revolucionario", o por un acuerdo social de la mayoría de la sociedad, porque es la organización política del capital y sus relaciones sociales de producción: hay que DESTRUIR esas relaciones sociales de producción y su organización política: el Estado. El Estado no puede ser parcialmente sustituido y parcialmente utilizado (como un semi-Estado obrero) por el proletariado contra el capital, en una fase de transición entre el capitalismo y el comunismo, esperando que se EXTINGA como una llama sin oxígeno, porque el Estado es la organización política del capital y garantiza las relaciones sociales de producción capitalistas. No existe una semiorganización del capital ni una semigarantía de las relaciones sociales de producción, y ya hemos dicho que la máquina Estado no puede utilizarse, ni semiutilizarse en un doble sentido, ahora para explotar o semiexplotar al proletariado, mañana para emanciparlo o semiemanciparlo. El Estado es la organización política total y totalitaria del capital (y de su permanente reproducción) para explotar al proletariado. El proletariado no puede usar, ni semiusar para extinguir; ni abolir, ya sea por decreto, acuerdo mutuo, o votación, el Estado: sólo puede destruirlo.

El proletariado ha de destruir el Estado porque éste es la organización política de la explotación económica del trabajo asalariado. La destrucción del Estado es el inicio de una revolución proletaria.

¿QUÉ SUSTITUYE AL ESTADO?

La administración de las cosas y de las prioridades de la sociedad en el comunismo. Pero la revolución proletaria no es una cuestión de partidos o de organización. No son las organizaciones quienes hacen la revolución, sino que es la revolución quien crea las formas de organización de clase apropiadas. Lo que determina la posibilidad del comunismo en las sociedades más desarrolladas del capitalismo global es la extensión de la condición de proletario. Los problemas organizativos no pueden plantearse al margen de quien los organiza y de los problemas que se plantean en cada momento. No hay reglas, ni fórmulas mágicas, ni garantías contra la burocratización y la contrarrevolución. Los burócratas suelen ser expertos en organización, en beneficio propio, al margen del interés general de la sociedad. La experiencia histórica del proletariado señala los soviets rusos de 1905 y 1917, los räters alemanes de 1918-1920 y los comités españoles de 1936, esto es, la organización del proletariado en consejos obreros como la forma organizativa revolucionaria de la clase obrera.

Estamos pues hablando no de tal o cual forma organizativa de comité o de consejo, sino de la organización consejista de la sociedad. Los consejos no representan a los obreros, SON EL PROLETARIADO ORGANIZADO. Es un órgano de clase y de lucha. No es un órgano político, y por lo tanto no es democrático ni dictatorial, está más allá de la política, y evita la separación entre lo público y lo privado característica del capitalismo.

Soviets, räters y comités fracasaron en el pasado, pero han existido, demostrando la capacidad del proletariado para dirigir y gestionar fábricas, ciudades y países; señalando también sus límites, SUS ERRORES y sus limitaciones. Han surgido siempre que el proletariado revolucionario se ha alzado contra la barbarie capitalista. Han sido la respuesta obrera al vacío dejado por la burguesía, más que resultado de la radicalización del combate.

La ideología consejista contempla los consejos como meta y no sólo como un momento de la transición al comunismo. Los consejistas sustituyen el concepto "partido" de los leninistas por el concepto "consejo". Ambas ideologías son estériles, porque de acuerdo con el viejo y contundente grito de la Asociación Internacional de los Trabajadores: la emancipación de los trabajadores será obra de los propios trabajadores, o no será. Los consejos, o las organizaciones que en cada momento cree el proletariado, serán sólo lo que consigan hacer en el combate por destruir el Estado y alcanzar el comunismo.

Estamos hablando de la constitución del proletariado en clase y, por lo tanto, en organismo revolucionario autónomo, independiente de la burguesía y opuesto al partido contrarrevolucionario del capital, que orienta todos sus esfuerzos hacia la total y definitiva destrucción del Estado, esto es, a la destrucción de la organización política del capitalismo, sustituida por una nueva organización política de la sociedad comunista, que conduce a la extinción de todas las clases sociales.

Publicado en *Enciclopèdic* núm. 38 (abril 2013).

04
¿QUÉ ES EL PROLETARIADO?

El proletariado no es una cosa, ni una identidad, ni una cultura, ni un colectivo estadístico que tiene unos intereses de clase propios que defender. El proletariado se constituye en clase mediante un proceso de desarrollo y formación que sólo se da en la lucha de clases. El proletariado, reducido en el capitalismo avanzado al estatus de productor y consumidor deviene una categoría social pasiva, sin conciencia propia; es una clase para el capital, sometida a la ideología capitalista. No es nada, ni aspira a nada, ni puede nada. Sólo en la intensificación y agudización de la lucha de clases surge como clase y adquiere conciencia de la explotación y dominio que sufre en el capitalismo y, en el proceso mismo de esa guerra de clases se manifiesta como clase autónoma y se constituye como proletariado antagónico y enfrentado al capitalismo, como comunidad de lucha. Enfrentamiento total y a muerte, sin posibilidades ni aspiraciones reformistas o de gestión de un sistema hoy ya obsoleto y caduco.

Esta noción de clase como "algo que sucede", que brota y florece del suelo de los explotados y oprimidos, es clave. La clase no se refiere a algo que las personas son, sino a algo que hacen. Y una vez que entendemos que la clase es fruto de la acción, entonces podemos comprender que cualquier intento de construir una noción existencialista o cultural e ideológica de clase, es falsa y está condenada al fracaso.

La clase no es un concepto estático, sólido o permanente; sino dinámico, fluido y dialéctico. La clase sólo se manifiesta y se reconoce a sí misma en los breves periodos en los que la lucha de clases alcanza su punto culminante.

El proletariado se define como la clase social que carece de todo tipo de propiedad y que para sobrevivir necesita vender su fuerza de trabajo por un salario. Forman parte del proletariado, sean o no conscientes de ello, los asalariados, los parados, los precarios, los migrantes, los simpapeles, los jubilados y los familiares que dependen de ellos. En Francia forman parte del proletariado los casi tres millones de parados y los veintiséis millones de asalariados o autónomos que temen engrosar las filas del paro, amén de una cifra indefinida de marginados, que no aparecen en las estadísticas porque han sido excluidos del sistema.

La democracia parlamentaria europea se ha transformado rápidamente, desde el inicio de la depresión (2007), en una partitocracia "nacionalmente inútil", autoritaria y mafiosa, dominada por esa clase dirigente capitalista apátrida, que está al servicio de las finanzas internacionales y las multinacionales: la clase corporativa. Se produce una profunda y extensa proletarización de las clases medias, una masificación del proletariado y la erupción violenta e intermitente de irrecuperables colectivos, suburbios y comunidades marginadas, antisistema (no tanto por convicción, como por exclusión). Los Estados nacionales se convierten en instrumentos obsoletos (pero aún necesarios, en cuanto garantes del orden público y defensa armada de la explotación) de esa clase capitalista dirigente, de ámbito e intereses mundiales. Su forma de gobierno es el totalitarismo democrático: una democracia reducida a la mínima expresión de votar cada equis años, para elegir entre representantes malos o peores del capital, sin capacidad alguna de intervención o decisión en la vida social o política.

Los suburbios se convierten en guetos de excluidos del sistema, que el Estado intenta aislar entre sí, entregando su dominio a las bandas, la droga, las mafias, las escuelas, los trabajadores sociales, oenegés, etetés, prisiones y policía, para que conjuntamente impongan el control y/o sacrificio económico, político, social, moral, volitivo, y si hace falta también físico, de "todos los que sobran", con el objetivo preciso y concreto de desactivar su potencial revolucionario, intentando convertir esos barrios periféricos en colmenas de muertos vivientes, a los que las instituciones estatales les han declarado una guerra total de exterminio y aniquilación.

La lucha de clases no es sólo la única posibilidad de resistencia y supervivencia frente a los feroces y sádicos ataques del capital, sino la irrenunciable vía de búsqueda de una solución revolucionaria definitiva a la decadencia del sistema capitalista, hoy obsoleto y criminal, que además se cree impune y eterno. Lucha de clases o explotación sin límites; poder de decisión sobre la propia vida o esclavitud asalariada y marginación.

Es la guerra de clases, estúpido. Es el viejo topo que aparece y desaparece de escena, cavando sin cesar su túnel bajo un mundo caduco y obsoleto.

Agustín Guillamón

05
SER Y ESENCIA DEL PROLETARIADO

AYER

Proletariado procede del latín proles, esto es, linaje o descendencia. El término tuvo su origen en la República y el Imperio romanos. Los proletarios eran los ciudadanos de la clase más baja, que no tenían propiedades y solamente podían aportar prole (hijos) para engrosar las legiones de Roma: carne de sacrificio para la guerra y la sumisión y esclavización de los pueblos vecinos.

El origen de la palabra radica en el censo que las autoridades realizaban cada quinquenio, en el que se registraba a los ciudadanos y sus propiedades, y del que se desprendían sus obligaciones militares y sus condiciones de voto. Para personas sin propiedades (o de valor nulo) se registraban los hijos (proles) como su única riqueza. Proletario proviene de "proletarius" que significa "aquel que produce hijos". Hasta las reformas de Mario no podían tener armas, ni enrolarse en el ejército. La sociedad romana se dividía en cinco clases de propietarios o terratenientes. Los proletarios eran ciudadanos de sexta clase.

La problemática del origen del proletariado moderno como clase social se remonta a la Revolución Industrial. En la Inglaterra del siglo XVI se usó para designar al cuarto estado. Su uso permaneció, sin apenas variaciones, hasta el siglo XVIII.

Con la Revolución Francesa, la palabra proletariado tomó un nuevo significado. El proletariado era la clase de trabajadores excluidos de todo derecho, pero con conciencia de su situación marginal, que luchó por el derecho a la vida (esto es, a no morirse de hambre) como prioritario al de la propiedad privada.

El concepto de proletariado, como clase de trabajadores explotados en la sociedad industrial, aparece en el lenguaje de los premarxistas y socialistas utópicos en las dos primeras décadas del siglo XIX. Para Saint-Simon el proletariado es la masa de los que no tienen propiedad. Para Blanqui el proletariado tiene dos usos, es tanto el trabajador pobre como el trabajador frente al capitalista.

Muchos eruditos liberales señalaron las similitudes socioeconómicas de la clase obrera industrial moderna en rápido crecimiento y los proletarios clásicos. Una de las primeras analogías se encuentra en el artículo de 1808 del filósofo y politólogo francés Lamennais en su obra *De l'esclavage moderne*.

El economista suizo Sismondi fue el primero en aplicar el término proletariado a la clase obrera creada bajo el capitalismo. Sus escritos fueron citados con frecuencia por Karl Marx. Es muy probable que Marx aplicara esa palabra tras el estudio de las obras de Sismondi.

Durante la segunda mitad de la década de 1840 el concepto de proletario fue profundamente reelaborado por Engels y Marx. Marx, además, había estudiado Derecho Romano en la Universidad de Berlín. El término es utilizado para identificar a la clase sin propiedades ni recursos, libre para vender su fuerza de trabajo. El proletariado o clase obrera es una clase social antagónica a la clase burguesa.

Por muy someros, sencillos e incluso incompletos que sean los antecedentes hasta aquí expuestos sobre el concepto histórico de proletariado, son suficientes para afirmar contundentemente que cuando Miquel Amorós dice que el proletariado es un invento de Lenin, en 1917, sustenta una solemne majadería, irracional y antihistórica.

Dejémonos, pues, de estupideces neosituacionistas y definamos racional, rigurosa e históricamente capitalismo y proletariado en estas cinco tesis fundamentales:

1.- El capitalismo es UNA RELACIÓN SOCIAL de producción que se da entre los capitalistas, que compran la mercancía fuerza de trabajo, y el proletariado, que vende su fuerza de trabajo por un salario. No es una relación individual, sino una relación entre clases. Esa es la esencia del capitalismo y del proletariado.

2.- El capitalismo es UNA RELACIÓN HISTÓRICA entre dos clases antagónicas, que obliga y coacciona a la mayoría de la población a vender al capital su fuerza de trabajo por un salario. (Sin este proceso histórico de acumulación primitiva del capital y de expropiación y expulsión del campesino de las comunidades rurales a las fábricas y grandes centros industriales no existiría la relación social del punto 1).

3.- El capitalismo provoca UNA CONTRADICCIÓN, o conflicto, entre el desarrollo SOCIAL de las fuerzas productivas y las actuales relaciones sociales de producción, de apropiación privada del valor, que no se corresponde con el carácter social de esas fuerzas productivas. (Esto se traduce en un reparto desigual de la riqueza en el mundo: en 2007 tres ciudadanos estadounidenses (Bill Gates, Paul Allen y Warren Buffett) poseían, juntos, una fortuna superior al PIB de las 42 naciones más pobres, en las cuales viven 600 millones de habitantes; las 356 personas más ricas del mundo superan la renta anual del 40% de la humanidad; Estados Unidos representa el 6% de la población mundial, pero consume el 48% de la riqueza total del planeta).

4.- El capitalismo se ha convertido en un sistema OBSOLETO, porque el proceso de valorización del capital obstaculiza el propio crecimiento de las fuerzas productivas. El capitalismo ha entrado en una fase de decadencia, y la actual crisis tiene un carácter estructural. No estamos ante una clásica crisis de sobreproducción. Se da, hoy, una crisis de valorización del capital y, por lo tanto, de las relaciones de producción capitalistas, que no garantizan ya el proceso de reproducción de la fuerza de trabajo. Aparece un enorme ejército industrial de reserva (global) a causa de la insuficiente absorción de la fuerza de trabajo en el proceso de producción capitalista.

Esto produce, o puede producir, fenómenos nuevos de difícil catalogación:

a. Desmantelamiento de las "conquistas sociales" del llamado Estado del Bienestar. El trabajador europeo ha de competir, a nivel global, con el salario de subsistencia y la ausencia de cotizaciones sociales de paro, enfermedad o pensiones del trabajador asiático. Las medidas propugnadas por el FMI favorecen al capital financiero, pero ahondan la crisis y el paro.

b. Exclusión de países y continentes enteros del proceso de producción capitalista; fenómenos migratorios masivos por motivos económicos, bélicos o catastróficos, sin países o regiones dispuestos a darles más que una acogida parcial y selectiva.

c. Finalización de los procesos de acumulación primitiva del capital en Rusia, China, Brasil, Sudáfrica y la India, con la extensión de la clase obrera asalariada en esos países.

d. Límites ecológicos a la explotación masiva e indiscriminada de los recursos naturales, sin medidas efectivas contra la contaminación y el cambio climático. Surgen pandemias provocadas por la agricultura y ganadería industriales. Conversión de la naturaleza en basuraleza. Peligro de extinción de la especie humana, sin respuestas adecuadas de prevención.

e. Aparición de múltiples focos y sectores de trabajo (en ocasiones infantil) esclavizado.

f. Aparición de una economía virtual, fruto de una enorme especulación financiera descontrolada y desregularizada, que provoca un abismo insalvable con la economía real, con el consiguiente riesgo de crisis financieras y depresión económica.

g. Aparición de guerras imperialistas por el control del petróleo y unos recursos naturales limitados. Consideración de la guerra como solución económica inmediata a la crisis de la demanda, esto es, la guerra entre potencias como única solución a las crisis internas de todos los protagonistas enfrentados.

h. Crecimiento económico sin generación de empleo.

i. Nuevas fórmulas de organización empresarial para incrementar la productividad laboral, flexibilizar la fuerza de trabajo (en cuanto a salarios, duración del contrato o disponibilidad espacial), destruir las conquistas sociales del Estado del Bienestar, e impedir las asociaciones sindicales, que no sean de empresa o sumisas al Estado.

j. En Japón, el toyotismo apareció en los años cincuenta para atender las necesidades bélicas de los Estados Unidos en la Guerra de Corea. Se destruyeron los sindicatos nacionales *manu militari*, sustituidos por dóciles sindicatos de empresa. Las grandes empresas se concentraron en comarcas que dominaban despóticamente. Se crearon equipos de calidad que consiguieron establecer la norma de la competitividad entre los trabajadores para alcanzar los objetivos de la empresa. Aparecieron las subcontrataciones de unas empresas a otras, con una escala salarial que disminuye en cada subcontratación. Es habitual una elevada tensión en el trabajo, que produce al año unas 10.000 muertes por Karoshi. "Karoshi" es una palabra compuesta, formada por "karo" y "shi" que significan respectivamente trabajo excesivo y muerte, y combinadas pasan a significar "muerte repentina como consecuencia del trabajo excesivo"; es decir, muertes por estrés.)

k. Ejército, policía, administración, mafias, iglesias, sindicatos y partidos políticos son instituciones estatales al servicio de los intereses del capital, que los financia y sostiene. El primer paso de cualquier lucha obrera autónoma pasa por su destrucción.

l. La conciencia de clase perdida puede recuperarse y radicalizarse rápidamente, aunque al principio irá algo retrasada respecto a la ofensiva neoliberal y la legislación antipopular de los distintos Estados. Surgirán nuevas formas organizativas populares y de clase, que superarán los desacreditados e inútiles partidos y sindicatos, que mostrarán su verdadera naturaleza estatal, policial y mafiosa.

m. En la actual fase de decadencia del capitalismo aparecerán con claridad sus límites y la barbarie que nos anuncia, Gaza mediante. La propaganda del sistema será cada vez más descarada, despótica e irracional, decantándose hacia salidas socialdemócratas, netamente fascistas o sabiamente dosificadas y combinadas entre sí. Se abandonarán las formalidades democráticas (Trump). Aparecerá algún tipo de militarismo radical y obsesivo, ya sea contra un enemigo exterior (por rivalidades comerciales) o interior (por necesidades antisubversivas).

n. Los Estados-nación siempre han gobernado contra sus propios pueblos en beneficio de la élite financiera y empresarial, sólo que ahora se hará descarnadamente, sin apenas disfraces y velos democráticos, ni la justificación última del bienestar generalizado. Los diferentes Estados impondrán una economía de guerra, una "eficiente" gestión de las miserias y sacrificios para la que será necesario buscar algún enemigo o chivo expiatorio: los emigrantes, los subversivos del orden establecido, los locos anarquistas, los viejos pensionistas y enfermos improductivos, las dictaduras, tal o cual Estado enemigo, Rusia, China, los países árabes o el Islam, los marginados y miserables, los parados y "otros gandules", etcétera, etcétera.

o. Primitivismo, ecologismo, antidesarrollismo, carlistas del comunal y las más diversas, desesperadas y disparatadas alternativas postmodernistas, como el *Green New Deal*, apenas esbozarán una propuesta socialdemócrata de gestión del caos, el desastre y la miseria en el seno de un capitalismo caduco y obsoleto, incapaz de asegurar el proceso de valorización del capital.

p. La solidaridad, la ética y la mera supervivencia colectiva se convertirán en formidables armas de combate de la Humanidad contra un sistema económico obsoleto, corrupto y por propia naturaleza, criminal, enfermizo, depredador, insostenible y apocalíptico.

q. Se fomentará una fortísima infantilización social, cultural y política, porque el miedo y la ignorancia son factores determinantes de la servidumbre voluntaria al Estado.

r. Se planteará urgentemente la alternativa entre comunismo o barbarie, entre revolución o reforma, entre vida o muerte colectivas... porque lo que está en juego es la propia supervivencia de la especie humana.

s. Se da un proceso de proletarización mundial de trabajo inmigrante, que se ha convertido en la forma de trabajo más generalizada, tanto como emigración a otros países (como la UE) o de emigración interna, como en China, con 130 millones de trabajadores inmigrantes, de los cuales 80 millones han emigrado de las regiones pobres del interior a las ciudades costeras. El número de inmigrantes internacionales, en 2013, es mayor que nunca: 232 millones (en el 2000 eran 175 millones), de los cuales 20 o 30 millones no tienen papeles. Entre 2000 y 2013, pasaron de un 2.9% a un 3.3% de la población mundial. En su mayor parte son trabajadores inmigrantes, no refugiados ni demandantes de asilo.

t. Es destacable este aumento del proletariado de obreros migrantes, quienes a través de las agencias internacionales de contratación desempeñan labores no cualificadas en diferentes países por un bajo salario, aunque en principio no piensan establecerse allí: trabajadores de la construcción de India, Pakistán y Bengala en las grandes construcciones de los Estados del Golfo, que viven en campamentos y cuya situación colectiva les ha llevado muchas veces a la huelga y la rebelión, combatidas con una represión brutal. Millones de empleados domésticos de las Filipinas e Indonesia, etcétera, que trabajan para familias ricas en los Estados del Golfo, pero también en Hong-Kong. Trabajadores domésticos que cuidan a los ancianos, que viajan de la Europa Oriental a la Occidental, o de América Latina a España (y Europa), para trabajar para familias que no encuentran a un cuidador local. Cada vez más obreros industriales "especializados" son contratados en países muy lejanos, con el objetivo de debilitar a la clase obrera local.

u. El supermán de turno y su Super-Estado aparecerán como salvadores del planeta y de la especie, aunque sean en realidad sus sepultureros.

v. No hay más alternativa que revolución o barbarie.

x. Jamás en la historia se había configurado un proletariado de carácter auténticamente global como el existente en 2025. Basta con pasear por las calles de las principales ciudades europeas para comprobarlo. Al mismo tiempo, surgirán profetas y salvadores de la humanidad que predicarán la desaparición del proletariado, e incluso nos explicarán que nunca ha existido y que siempre ha sido sólo un invento o una ficción.

5.- El comunismo no es un BELLO IDEAL, sino una NECESIDAD MATERIAL, cuyas premisas han sido puestas por el capitalismo, con una productividad que puede asegurar ya una sociedad que cubra todas las necesidades materiales de la humanidad. El proletariado ha de destruir al Estado, porque éste es la organización política de la explotación económica del trabajo asalariado. La destrucción del Estado es una condición *sine qua non* del inicio de una sociedad comunista. Pero el Estado capitalista no puede destruirse realmente si antes la clase obrera no siega inmediatamente las condiciones económicas, sociales e históricas de la existencia del trabajo asalariado y de la ley del valor, en un ámbito mundial.

¿Qué sustituye al Estado?: la administración de las cosas en el comunismo. Pero la revolución proletaria no es una cuestión de partidos o de organización. Lo que determina la posibilidad del comunismo es una distribución equitativa de las fuerzas productivas y de la extensión y concienciación de la condición de asalariado y de proletario.

La experiencia histórica del proletariado internacional señala los soviets rusos, los räters alemanes y los comités españoles, esto es, la organización del proletariado en consejos obreros como la forma organizativa revolucionaria de la clase obrera. Estamos, pues, hablando no de tal o cual forma organizativa de comité o de consejo sino de la organización consejista de la sociedad. Los consejos no representan a los obreros, son el proletariado organizado. Es un órgano de clase y de lucha. No es un órgano político, es la organización de la sociedad en unas nuevas relaciones de producción, y por lo tanto no es democrático, ni dictatorial, está más allá de la política, y evita la separación entre lo público y lo privado, característica del capitalismo. Soviets, räters y comités han sido la respuesta obrera al vacío dejado por la burguesía, más que resultado de la radicalización del combate. Los consejistas sustituyen el concepto "partido" de los leninistas por el concepto "consejo". Ambas ideologías son estériles. Los consejos serán sólo lo que el proletariado consiga hacer en el combate por destruir el Estado y construir el comunismo libertario. La revolución social es ya la única solución.

Una revolución no sólo ha de ser a la vez económica y política, sino que debe ser total, es decir, a la vez antieconómica y antipolítica, tapiando así cualquier posibilidad de restauración del poder del capital. Antieconómica porque no se limita a la socialización, ni cae en el productivismo, sino que suprime el trabajo asalariado y la plusvalía. Antipolítica porque se organiza en consejos obreros que destruyen todas las estructuras estatales y suprimen todas las fronteras, por lo que es necesariamente de ámbito internacional.

HOY

El salario es la principal forma de esclavitud moderna. LA RELACIÓN SALARIAL no es sólo de carácter social y económica, sino también política, puesto que determina el modo de existencia de quienes no tienen ningún poder de decisión sobre su propia vida.

El proletariado se define como la clase social que carece de todo tipo de propiedad y que para sobrevivir necesita vender su fuerza de trabajo por un salario. Forman parte del proletariado, sean o no conscientes de ello, los asalariados, los parados, los precarios, los jubilados y los familiares que dependen de ellos. En España forman parte del proletariado los aproximadamente 2,6 millones de parados y los 21 millones de asalariados y precarios que temen engrosar las filas del paro, amén de una cifra indefinida de marginados, que no aparecen en las estadísticas porque han sido excluidos del sistema.

La clase obrera es una clasificación social OBJETIVA, que designa a todo aquel que mantiene una relación SALARIAL con un patrón (ya sea privado o estatal) al que vende su fuerza de trabajo (sus brazos y su inteligencia). La clase obrera forma parte del proletariado, que incluye además a parados, jubilados y marginados. Los proletarios no son propietarios de medios de producción. El salario es la principal forma de esclavitud moderna.

La clase media incluye hoy a algunos trabajadores "autónomos", esto es, trabajadores independientes y "auto explotados", algunos técnicos y profesionales altamente cualificados y a los empresarios sin asalariados. La alta clase media estaría formada por empresarios con algunos trabajadores asalariados, pero sin influencia política decisiva.

Capitalistas serían todos los propietarios de medios de producción, o altos gerentes con poder de decisión (aunque fueran asalariados) de grandes empresas privadas o estatales. Constituyen menos del uno por ciento de la población, pero su influencia política es absoluta, y determinan las líneas económicas que se aplican y afectan a la vida cotidiana de la totalidad de la población. Su lema sería: "Todos los Estados al servicio del capital; cada Estado contra su propio pueblo".

La democracia parlamentaria europea se ha transformado rápidamente, desde el inicio de la depresión (2008), en una partitocracia "nacionalmente inútil", autoritaria y mafiosa, dominada por esa clase dirigente capitalista apátrida, que está al servicio de las finanzas internacionales y las multinacionales. Se produce una profunda y extensa proletarización de las clases medias, una masificación del proletariado y precariado (con una fortísima inmigración global) y la erupción violenta e intermitente de irrecuperables colectivos, suburbios y comunidades marginadas, antisistema (no tanto por convicción, como por exclusión). Los Estados nacionales se convierten en instrumentos obsoletos (pero aún necesarios, en cuanto garantes del orden público y defensa armada de la explotación) de esa clase capitalista dirigente, de ámbito e intereses mundiales.

La sociedad capitalista actual, que nos permite la anterior clasificación social en tres clases fundamentales, aún admite en el seno de cada clase una infinita gradación de situaciones económicas, sociales, políticas y culturales, pero se identifica con la EXPLOTACIÓN de los trabajadores por los capitalistas, y tiende a una rápida polarización entre el proletariado (más la clase media proletarizada) y la ínfima minoría de los todopoderosos dirigentes (inferior al uno por ciento y apátrida).

Todo el mundo entiende que existe explotación cuando se habla del trabajo infantil esclavo en manufacturas de la India, Vietnam o China, que producen zapatillas o ropa de marca para multinacionales, con jornadas de 18 o 20 horas, sin más paga que alimento y jergón en el mismo lugar de trabajo, que venden sus productos en USA o Europa. Y se escandalizan, con razón, ante esa explotación del trabajo infantil esclavo.

Hay que entender que la EXPLOTACIÓN del trabajo asalariado es la ESENCIA de la sociedad capitalista. Todos los asalariados padecen la explotación capitalista (no sólo los niños hindúes). Cuanto más desarrollada es la productividad del trabajo colectivo de una sociedad, mayor grado de explotación experimentan sus trabajadores, aunque puedan consumir más mercancías. La feroz lucha entre los capitalistas por superar y sobrevivir al competidor, impulsa el incremento de la explotación de los trabajadores, al margen de la buena voluntad o ética de cada empresario individual. Los capitales se fusionan y concentran, atacando sin límites las condiciones de vida y laborales de los trabajadores, amenazando con irse a otro país o con contratar más barato entre los millones de parados sin recursos. En cada país un puñado de transnacionales efectúa ventas anuales que superan ampliamente los presupuestos nacionales y empuñan el poder de dar trabajo, o no, a millones de desposeídos.

El proletariado, que tiende a abarcar hoy a un 75/80 por ciento de la población española, se puede clasificar en asalariados, precarios, parados, prejubilados, jubilados y marginados. La clase media sufre una fortísima proletarización, con amplios sectores de profesionales (en el ámbito de la medicina, arquitectura, enseñanza, tecnologías y servicios sociales), funcionarios y medianos o pequeños empresarios (colectivos que hace pocos años percibían elevados ingresos) que se proletarizan, o incluso quedan marginados económica y socialmente.

El elevadísimo número de parados y el estadísticamente desconocido número de excluidos (por paro de larga duración y/o no percepción de ingreso alguno) hace que los asalariados, en su conjunto, se precaricen colectivamente en sus condiciones laborales y existenciales hasta extremos impensables hace unos años en España y Europa. Incluso desaparece la negociación de los convenios colectivos por sectores o empresas, que son sustituidos por condiciones mínimas y miserables de contratación. Los suburbios se convierten en guetos de excluidos del sistema, que el Estado intenta aislar entre sí, entregando su dominio a las bandas, la droga, las mafias, las escuelas, los trabajadores sociales, oenegés, etetés, prisiones y policía, para que conjuntamente impongan el control y/o sacrificio económico, político, social, moral, volitivo, y si hace falta también físico, de "todos los que sobran", con el objetivo preciso y concreto de desactivar su potencial revolucionario, intentando convertir esos barrios periféricos en colmenas de muertos vivientes, a los que las instituciones estatales les han declarado una guerra total de exterminio y aniquilación.

La tesis neosituacionista y milenarista de la desaparición del proletariado muestra no sólo su irracionalidad y falsedad, frente al inmenso incremento del proletariado en países como China, Sudáfrica, Brasil, India o las maquilas mexicanas, sino su falta de comprensión de la nueva realidad europea, caracterizada por una inmigración masiva de carácter global y por la proletarización de las clases medias, surgida con la depresión iniciada en 2008.

Primitivistas y "pro-situs", carlistas del comunal (Félix Rodrigo Mora y David Algarra) o profetas de la derrota y del fin del proletariado (Miquel Amorós[1]), han quedado anclados en sus trasnochados análisis, tan desmovilizadores como artificiales, caóticos e inútiles, mezclando atolondradamente las características propias de las fases keynesiano/fordista (1945-1975) y neoliberal/toyotista (1976-2007) del capitalismo, con su esencia.

Catastrofistas, ludditas, antidesarrollistas, izquierdistas o derechistas del capital, tecnófobos e idealistas de distinto pelaje y orientación, teóricos averiados y amantes del espectáculo y la novedad coinciden en un punto fundamental, que nos desarma como clase revolucionaria en lucha contra el sistema capitalista: afirman que el proletariado ha desaparecido y/o ha dejado de ser el sujeto revolucionario. Identifican una parte con el todo. Confunden clase obrera industrial con proletariado. Desprecian como a bárbaros groseros y desclasados al lumpenproletariado de los guetos. Son reaccionarios brillantes, soberbios y coherentes, extraordinariamente pagados de sí mismos, muy útiles hoy al capital para agudizar el confusionismo y llevarnos al abismo y la derrota; pero que pronto desaparecerán en la nada de la necedad y la extravagancia.

La lucha de clases no es sólo la única posibilidad de resistencia y supervivencia frente a los feroces y sádicos ataques del capital, sino la irrenunciable vía de búsqueda de una solución revolucionaria definitiva a la decadencia del sistema capitalista, hoy obsoleto y criminal, que además se cree impune y eterno.

Quienes niegan la lucha de clases, o incluso la existencia de clases, y vocean a quien quiera oírlos la desaparición del proletariado, están del otro lado de la barricada.

Revolución o barbarie; lucha de clases o explotación sin límites; poder de decisión sobre la propia vida o esclavitud asalariada y marginación.

Agustín Guillamón
Barcelona, junio de 2025

06
¿POR QUÉ ESTALLÓ LA INSURRECCIÓN DE MAYO DE 1937?

¿Qué hacer? Durante todo un mes, desde el 21 de julio (de 1936) hasta el 21 de agosto, "los notables" anarcosindicalistas divagaron sobre el dilema de acabar con el Comité Central de Milicias Antifascistas (CCMA), sin entrar en el gobierno de la Generalidad, o conservarlo.

La situación revolucionaria se caracterizaba por la transformación de los comités de defensa en comités revolucionarios de barrio y locales, que tendían a sustituir al Estado, gestionando y asumiendo todas sus funciones. Al mismo tiempo, se producía un amplio y profundo proceso de metódica expropiación de las fábricas por los sindicatos de industria, que desarrollaron una de las revoluciones sociales y económicas más profundas de la historia, muy mal analizada y peor explicada hasta hoy.

Pero los comités superiores cenetistas, organizados en un elitista, ejecutivo y autoritario Comité de comités, no lideraron y coordinaron esa revolución de la militancia de base en la calle y las fábricas, sino que se convirtieron en una organización antifascista más, aliada al resto de partidos antifascistas, desde estalinistas y poumistas a republicanos y gobierno de la Generalidad, que interiorizaron una ideología de unidad antifascista, sin más objetivo que la victoria en la guerra contra el fascismo, aunque ello supusiera la renuncia a cualquier objetivo revolucionario y a los propios principios ácratas.

Hubo, pues, una divergencia, antítesis, contradicción y separación real entre la política de unidad antifascista del Comité de comités y la revolución social y económica protagonizada por los comités revolucionarios y los sindicatos.

El antagonismo, que algunos historiadores llegan a calificar erróneamente de situación de doble poder, no se daba entre el gobierno de la Generalidad y el CCMA, sino entre los comités revolucionarios (que encarnaban la autonomía proletaria y estaban aplicando un programa de metódica expropiación de la burguesía) y el CCMA (órgano de colaboración de clases y de unidad antifascista).

Ese antagonismo de clase entre CCMA y comités revolucionarios de julio de 1936 derivó en el seno de la Organización en una oposición que, en diciembre de 1936, enfrentó al Comité de comités con los comités de barrio barceloneses, cuando estos se negaron a entregar sus armas para enviarlas al frente, argumentando que esas armas eran la única garantía de la revolución en curso, y que si se necesitaban armas para el frente, ahí, en la retaguardia barcelonesa, tenían acuartelados y armados a los guardias de asalto y a la guardia civil. Que los comités revolucionarios de barrio jamás entregarían las armas conquistadas al ejército en las luchas callejeras.

Cuando las insurrecciones mueren, surgen inmediatamente sus enterradores. La insurrección de julio, protagonizada por unos comités de defensa transformados en el transcurso de la insurrección victoriosa en comités revolucionarios, fue apropiada por el Comité de comités, en aras de proteger a toda costa una sagrada unidad antifascista de la CNT con los estalinistas, ERC, POUM y el gobierno de la Generalidad.

Unidad sagrada antifascista considerada como el único instrumento capaz de ganar la guerra al fascismo. El Comité de comités renunció a cualquier perspectiva revolucionaria para no poner en peligro esa prioritaria unidad antifascista, y eso suponía, a corto plazo, el enfrentamiento y la liquidación de los comités revolucionarios por el Comité de comités. La lucha de clases se daba también en el seno de la propia Organización.

SITUACIÓN REVOLUCIONARIA
SIN REVOLUCIÓN PROLETARIA

Así pues, definimos como situación revolucionaria la existente en Barcelona del 19 de julio al 26 de setiembre de 1936, caracterizada por la derrota del ejército y el levantamiento fascista por los comités de defensa y los sindicatos cenetistas.

Ninguna organización dio consignas para apoderarse del poder político y acabar con la Generalidad. Los anarcosindicalistas renunciaron a la toma del poder. La CNT-FAI decidió participar en el CCMA, órgano de unidad antifascista y de colaboración de clases que, en nueve meses y medio, restauró el aparato estatal

.

Mientras, los militantes cenetistas de base, sin consignas de sus dirigentes, pero adiestrados por setenta años de pedagogía libertaria, desarrollaron en los barrios y en las fábricas una profunda revolución social y económica, sin parangón en la historia, expropiando sistemáticamente las empresas, cuarteles, iglesias y propiedades de la burguesía.

Llamamos situación revolucionaria a esa revolución social y económica, caracterizada por la expropiación generalizada de la burguesía y la apropiación sindical de las fábricas, complementada por la formación de milicias obreras revolucionarias, que marcharon a Aragón para enfrentarse al fascismo, que organizaron Patrullas de Control como policía revolucionaria encargada de instaurar y proteger el nuevo orden revolucionario impuesto por los comités de barrio y locales, que además tendían a sustituir al Estado en todas sus funciones.

LOS LENINISTAS

Los leninistas del PSUC, constituido el 23 de julio de 1936 por la unificación de cuatro pequeños partidos socialistas y comunistas, encabezó la contrarrevolución estalinista, caracterizada por la defensa de un Estado burgués fuerte, capaz de crear un ejército tradicional, apto para ganar la guerra al fascismo. Negaban la existencia de revolución alguna en Cataluña. Los leninistas del POUM, tras la derrota del golpe militar y fascista propusieron un programa de rebaja de alquileres, aumento de salarios y otras reivindicaciones inmediatas menores, en lugar de plantear la única cuestión importante, decisiva y urgente: la del poder. El leninismo, en la Cataluña de 1936, naufragó, sin pena ni gloria, entre el estalinismo contrarrevolucionario y el inmediatismo más miope e inútil.

FALLÓ LA TEORÍA, FALTÓ UNA VANGUARDIA

Debemos concluir, pues, que el 21 de julio de 1936 al movimiento anarcosindicalista le falló una teoría revolucionaria, capaz de enfrentarse a la cuestión del poder.

También le faltó una vanguardia (no sustitutoria de la clase) capaz de coordinar, extender, gestionar, fortalecer y profundizar el poder potencial de esos comités revolucionarios, que estaban protagonizando en Cataluña una revolución social y económica muy profunda y extensa.

La situación revolucionaria, existente en Cataluña desde julio de 1936 hasta mayo de 1937, derivó rápidamente hacia un progresivo fortalecimiento de la contrarrevolución y del gobierno de la Generalidad que, finalmente, en las Jornadas de mayo de 1937, venció a los revolucionarios.

FALTÓ UNA VANGUARDIA, FALLÓ LA TEORÍA

El 21 de julio de 1936 nadie planteó la coordinación, extensión y fortalecimiento de la anónima, honda, colectiva, proletaria e intensa revolución social y económica que comités revolucionarios, sindicatos de industria y trabajadores de base estaban desarrollando autónomamente en la calle, sin consignas de ninguna organización, gracias a setenta años de pedagogía libertaria.

Cuando falla la teoría y falta una vanguardia las insurrecciones mueren y la contrarrevolución se abre paso ferozmente.

MAYO DE **1937** FUE LA NECESARIA DERROTA

Mayo del 37 fue la derrota del proletariado revolucionario más avanzado, que necesitaba y buscaban la contrarrevolución estalinista y el reformismo republicano para desarmar la amenaza de los comités de defensa de la CNT sobre las instituciones burguesas y desencadenar una represión selectiva, que integrase a los comités superiores en el aparato estatal y aniquilase a los revolucionarios.

El antifascismo fue en los años treinta la mayor victoria del fascismo. La unión sagrada de todos los antifascistas para derrotar al fascismo y defender la democracia suponía para el movimiento obrero renunciar a los propios principios, a un programa revolucionario proletario, a las conquistas revolucionarias, a todo...

Fue esa adhesión al programa antifascista (esto es, de defensa de la democracia capitalista) la que explica por qué y cómo los mismos líderes revolucionarios de ayer se convirtieron algunos meses después en ministros, bomberos, burócratas y contrarrevolucionarios. Era la CNT quien producía ministros, y esos ministros no traicionaban a nada ni a nadie; se limitaban a ejercer lealmente sus funciones lo mejor que sabían.

La insurrección de mayo fue fruto de la resistencia de los comités de defensa ante el anunciado y previsto golpe de fuerza militar del bloque contrarrevolucionario PSUC-ERC-gobierno de la Generalidad, y la provocación que supuso la orden de asalto al edificio de la Telefónica. Formaba parte además de la estrategia estalinista de conseguir un Estado fuerte, capaz de ganar la guerra al fascismo. Desarmar y debilitar a la CNT era una necesidad estratégica para el PSUC, del que ya se había vivido un primer acto en Bellver, con el asesinato de Antonio Martín.

Mayo del 37 no cayó de las nubes, sino que fue fruto de la resistencia a la disolución de las patrullas de control y la militarización de las milicias, y sobre todo a la resistencia obrera en las empresas, una a una, de forma totalmente aislada, en lucha por profundizar y controlar el proceso socializador de la economía catalana, frente a la liquidación de las "conquistas de Julio". Porque la ofensiva "normalizadora" de la Generalidad, que pretendía aplicar los decretos de S'Agaró, aprobados por Tarradellas en enero de 1937, suponían el fin de la revolución y el absoluto control de la economía catalana por las instituciones estatales de la Generalidad.

LA INSURRECCIÓN DE LOS
COMITÉS DE DEFENSA, OTRA VEZ

El liderazgo de Julián Merino en la reunión matutina de comités superiores del 4 de mayo de 1937, la constitución de un comité revolucionario secreto de la CRTC y de dos comisiones de combate para extender la lucha en la calle fueron, sin lugar a dudas, un intento de pasar a la ofensiva, que fracasó a causa del llamamiento radiofónico al alto el fuego realizado la tarde de ese mismo día por García Oliver y Federica Montseny. Esa intentona ofensiva no hace sino subrayar, con su rápido fracaso, el carácter predominantemente defensivo de la insurrección obrera de mayo del 37.

La insurrección del 3 al 7 de mayo fue fundamentalmente barcelonesa, aunque es innegable que tuvo importantes antecedentes en toda Cataluña y en el País Valenciano, así como un eco repetitivo (en ocasiones sorprendentemente similar) en numerosas poblaciones catalanas: Tarragona, Reus, Tortosa, Amposta, Lleida, Girona, Cadaqués, Manlleu, Vic, Bisaura de Ter, Montesquiu, La Farga de las Lloses, Vilafranca del Penedés, Sitges, etcétera. En todo caso, la insurrección de mayo no rebasó nunca el ámbito catalán.

OFENSIVA EN JULIO Y DEFENSIVA EN MAYO

Julio de 1936 fue una insurrección ofensiva contra el levantamiento militar-fascista; los Hechos de mayo de 1937 fueron una insurrección defensiva contra el golpe de fuerza planeado por los estalinistas, los nacionalistas y la Generalidad. La comparación entre ambas insurrecciones no ofrece duda de su principal característica: ofensiva la de julio del 36 y defensiva la de mayo del 37.

Los comités de defensa iniciaron una insurrección defensiva contra el estalinismo y el gobierno burgués de la Generalidad, pese a sus organizaciones y sin sus dirigentes, pero fueron incapaces de proseguir el combate hasta el final sin sus organizaciones y contra sus dirigentes. En mayo de 1937, igual que en julio de 1936, faltó una organización revolucionaria con peso y prestigio, capaz de defender los principios ácratas, destruir el Estado e imponer una alternativa social al capitalismo y las estructuras estatales.

Mayo del 37, desde esta perspectiva, aunque fue sin duda consecuencia del creciente descontento ante el aumento de precios, la carencia de abastecimientos, la lucha en el seno de las empresas por la socialización de la economía y el control obrero, la escalada de la Generalidad por desarmar la retaguardia y hacerse con el control del orden público, etcétera, etcétera, fue sobre todo la necesaria derrota armada del proletariado, que necesitaba la contrarrevolución para sellar definitivamente toda amenaza revolucionaria sobre las instituciones burguesas y republicanas.

LAS LECCIONES

Las lecciones a sacar son evidentemente la necesidad de destruir totalmente el Estado y la disolución de sus cuerpos represivos, así como la implantación del programa de la revolución social del proletariado, que los anarquistas organizados en la Agrupación de Los Amigos de Durruti identificaron con la formación de una Junta Revolucionaria, compuesta por todas aquellas organizaciones que habían intervenido en las luchas revolucionarias callejeras de Julio de 1936, excluyendo cualquier tipo de colaboración con estalinistas, organizaciones burguesas o el Estado. Mayo de 1937 fue consecuencia de los errores cometidos en julio de 1936.

Es evidente que, sin la toma del poder por el proletariado, esto es, sin la destrucción del poder de la burguesía y de su Estado, la colectivización fracasaría y todas las colectividades serían condicionadas y desnaturalizadas; pero no es menos evidente que la expropiación de la burguesía, con todas sus limitaciones, fue fruto del movimiento revolucionario proletario de Julio.

La lección fundamental de la situación revolucionaria existente en Barcelona (y casi toda Cataluña y parte de Aragón y el País Valenciano) es la necesidad ineludible de una vanguardia que defienda el programa revolucionario del proletariado, cuyos dos primeros pasos son la destrucción total del Estado y la instauración de una Junta Revolucionaria, como proponían Los Amigos de Durruti. Esa Junta Revolucionaria es un nuevo organismo, más allá de la política y de los partidos, organizado en consejos obreros, que debe enfrentarse a la inevitable violencia contrarrevolucionaria, destruyendo las estructuras estatales como se hizo con algunas iglesias: dejando solamente en pie el campanario y el solar.

Poder siempre ha sido la plena capacidad para decidir colectivamente sobre las cuestiones importantes que afectan a nuestra vida cotidiana. Para el proletariado no hay libertad sin poder proletario, esto es, sin Estado, sin policías, sin ejércitos, sin fronteras, sin valor, sin trabajo asalariado...

LA HISTORIOGRAFÍA ACADÉMICA

La historiografía académica, ya sea estalinista, socialdemócrata o nacionalista, intenta poner de moda una interesada interpretación de mayo del 37, consistente en lamentarse de la crisis y ruptura fratricida del antifascismo.

No pueden entenderse los Hechos de Mayo de 1937 si no se comprende que los trabajadores revolucionarios de Barcelona no luchaban por una República burguesa o por un Estado democrático. Los comités revolucionarios de barrio, surgidos de la victoria de los comités de defensa sobre el ejército sublevado y el golpe de estado fascista, luchaban por la revolución social y por un mundo nuevo, en una guerra de clases. Combatían por la destrucción del Estado, sustituyéndolo en todas sus funciones, expropiando fábricas y propiedades de la burguesía, levantando un ejército miliciano de voluntarios, asumiendo la gestión política, social y económica de una ciudad de más de un millón de habitantes. Y eso la poshistoria nacionalista, socialdemócrata, fascista, reformista, izquierdista, derechista o estalinista no puede asimilarlo, ni contemplarlo.

Desde esta sencilla premisa: la de que los comités de barrio combatían por la revolución, llegamos a estas inevitables reflexiones:

A. En julio de 1936, la cuestión esencial no era la toma del poder por una minoría de dirigentes anarquistas, sino la de coordinar, impulsar y profundizar la destrucción del Estado por los comités.

Los comités revolucionarios de barriada (y algunos de los comités locales) no hacían o dejaban de hacer la revolución: eran la revolución social.

La destrucción del Estado por los comités revolucionarios era una tarea muy concreta y real, en la que esos comités asumían todas las tareas que el Estado desempeñaba antes de julio de 1936. Y esa es la gran lección de la revolución de 1936: la necesidad primordial de destruir el Estado.

B. Durante la guerra civil, el proyecto político del anarquismo de Estado, constituido como un partido antifascista más, utilizando métodos de colaboración de clases y de participación gubernamental, organizado burocráticamente con el objetivo principal de ganar la guerra al fascismo, fracasó estrepitosamente en todos los terrenos; pero el movimiento social del anarquismo revolucionario, organizado en comités revolucionarios de barrio, locales, de control obrero, de defensa, etcétera, constituyó los embriones de un poder obrero que alcanzó cotas de gestión económica, de iniciativas populares revolucionarias y de autonomía proletaria, que aún hoy iluminan y anuncian un futuro radicalmente diferente a la barbarie capitalista, el horror fascista o la esclavitud estalinista.

CONCLUSIONES

Por primera vez en la historia, se dio el caso de una insurrección iniciada y sostenida contra la voluntad de los líderes a que perteneció la inmensa mayoría de los insurrectos. Pero, aunque una insurrección puede improvisarse, una victoria no (Escorza); y aún menos cuando todas las organizaciones obreras antifascistas se mostraron hostiles al proletariado revolucionario: desde la UGT hasta los comités superiores de la CNT.

Los comités superiores llegaron a jugar con dos barajas, permitiendo la formación de un Comité Revolucionario secreto de la CNT (Merino), al mismo tiempo que se formaba una delegación (Santillán) para negociar en el Palacio de la Generalidad. Pero muy pronto abandonaron la carta insurreccional por los ases del alto al fuego, que aseguraban su futuro de burócratas.

UGT y CNT, gobierno de la Generalidad y ERC, estalinistas y comités superiores, todos juntos, convirtieron la hermosa victoria militar de la insurrección, al alcance de la mano (Merino, Rebull), en una horrorosa derrota política. Todos juntos, pero de forma distinta, para desempeñar eficazmente cada uno su papel. Estalinistas y republicanos directamente en las barricadas de la contrarrevolución. Anarcosindicalistas y poumistas en la ambigüedad del quiero y no puedo; del soy, pero dejo de ser; los primeros recomendando el cese de la lucha y el abandono de las barricadas; los segundos mediante el "audaz" seguidismo de los primeros.

Sólo dos pequeñas organizaciones, la Agrupación de los Amigos de Durruti y la Sección Bolchevique-Leninista de España, intentaron evitar la derrota y dar a la insurrección unos objetivos precisos. El proletariado revolucionario barcelonés, esencialmente anarquista, luchó por la revolución, incluso contra sus organizaciones y contra sus líderes, en una batalla que ya había perdido en julio de 1936, en el preciso momento en que dejó en pie el aparato estatal.

Pero hay batallas perdidas que han de librarse en beneficio de las generaciones futuras, sin más objetivo que el de dejar constancia de quién es quién, advertir el lado de la barricada en que se encuentra, señalar dónde están las fronteras de clase y cuál es el camino a seguir y los errores a evitar.

Redes Libertarias, 3, junio de 2025

Bibliografía de Agustín Guillamón sobre el tema:

Los Comités de Defensa de la CNT en Barcelona (Descontrol, 5ª edición 2020)

Insurrección. Las sangrientas jornadas del 3 al 7 de mayo de 1937. Descontrol, 2017

Los Amigos de Durruti. Historia y antología de textos. Descontrol, 2021

CNT versus AIT. Los comités superiores cenetistas contra la oposición revolucionaria interna e internacional. Descontrol, 2022

Anarquistas y Orden Público. Josep Asens y las Patrullas de Control. Descontrol, 2025

07
FASCISMO
Y ANTIFASCISMO

Amadeo Bordiga[2] abordó el tema del fascismo en numerosos artículos, entre 1921 y 1926. El fascismo era el problema número uno que el Partido comunista de Italia (PCd'I) debía afrontar en su acción durante estos años.

Ante todo, para comprender las tesis de Bordiga sobre el fascismo, es preciso diferenciar su pensamiento de la ideología antifascista.

Para el antifascismo, el fascismo se caracteriza esencialmente por la supresión violenta de la legalidad y las libertades políticas democráticas. Para Bordiga, el uso abierto de la violencia no caracteriza nada. La violencia en sí carece de significación precisa. Lo importante es analizar y concretar qué clase utiliza la violencia contra qué otra clase. Para Bordiga, el abecé teórico más elemental enseña que, en toda sociedad dividida en clases, la clase dominante ejerce la violencia para someter a la clase dominada.

Bordiga consideraba que la ideología que caracteriza el fascismo como una regresión a formas precapitalistas es ajena a la teoría revolucionaria del proletariado.

Las formas políticas no varían con la moda, sino que vienen determinadas por el conjunto de relaciones sociales imperantes, y su evolución depende no del azar, el capricho o la voluntad, sino del desarrollo económico y social de esa sociedad, esto es, de los cambios que se operan en esa estructura de relaciones sociales en su contacto con los acontecimientos históricos.

En el pensamiento de Bordiga, la aceptación por el proletariado de la ideología antifascista suponía defender la democracia, renunciando a sus *intereses de clase*, o lo que es lo mismo, renunciando a afirmarse como clase revolucionaria.

Así pues, la antítesis democracia/fascismo, para Bordiga era falsa. Democracia y fascismo no se oponen, sino que se complementan: esta sería una tesis fundamental y distintiva, no sólo para Bordiga, sino para la Fracción de Izquierda comunista italiana en los años treinta del siglo XX.

Tanto fascismo como democracia son, en los artículos de Bordiga, métodos de dominación de la gran burguesía, orientados al mantenimiento de las relaciones sociales de producción capitalistas.

Bordiga, abandonando las definiciones e ideas fetichistas del capital, esto es, el capital como cosa, ya sea dinero, fábricas, etc., retomaba la definición del capital como una relación social de producción, precisamente aquella que se establece entre una clase social, caracterizada por su libertad (libertad para vender su fuerza de trabajo), y aquella otra clase social caracterizada por ser compradora de fuerza de trabajo asalariada.

Partiendo de esta definición del capital, Bordiga afirmó que la clase dominante, es decir, la caracterizada por comprar fuerza de trabajo, se servía alternativamente (o al unísono) del método democrático y/o del método fascista de dominación, para mantener vigentes las relaciones sociales de producción capitalistas, es decir, la compra-venta de fuerza de trabajo en un mercado regido por la ley de la oferta y la demanda.

Que la clase capitalista dominante recurrirse al método democrático o al método fascista no dependía de una opción ideológica; no era un acto voluntario, sino que dependía del grado de maduración de los conflictos sociales.

El método más hábil, el que dio mejores resultados en la Italia de 1920-1925, fue el empleo conjunto de la violencia fascista, alentada y apoyada desde las instituciones democráticas, junto al arma sutil y paralizante del reformismo social y la defensa de las libertades democráticas y la legalidad burguesa, como objetivo propuesto al movimiento obrero.

El fascismo no era para Bordiga una regresión hacia formas políticas precapitalistas, ni tampoco una forma política incompatible con los postulados democráticos, sino una contrarrevolución preventiva para conjurar la amenaza revolucionaria del proletariado.

Bordiga y sus partidarios en la dirección del PCd'I extrajeron sus tesis de la experiencia histórica vivida día a día por el proletariado en Italia.

Obra de la democracia parlamentaria fue la represión durante el bienio rojo de los movimientos populares surgidos a causa de la crisis económica de postguerra: inflación, reconversión industrial y paro, que golpearon duramente las condiciones de vida de la clase obrera.

Las milicias fascistas no intervinieron decisivamente sino con posterioridad a la liquidación del movimiento de ocupación de fábricas de septiembre de 1920, al final del bienio rojo.

El arma más eficaz, utilizada por Giolitti en la desmovilización del movimiento revolucionario, fue la Confederación General del Trabajo (CGL) y el Partido socialista italiano (PSI), es decir, el reformismo sindicalista y socialista.

El Estado democrático, en colaboración con la socialdemocracia, había creado las condiciones para la aparición de un tercer factor contrarrevolucionario: las escuadras fascistas.

Su misión no fue la de aplastar un movimiento revolucionario, ya vencido por la represión del Estado democrático y el colaboracionismo del socialismo reformista, sino impedir su rebrote.

Un rasgo esencial del fascismo, para Bordiga, era su raíz industrial, y por tanto negaba el carácter de reacción feudal del movimiento fascista.

Bordiga afirmaba que el fascismo había nacido en las grandes ciudades industriales del norte de Italia, como Milán, donde Mussolini fundó los fascios en 1919. De ahí la temprana financiación del fascismo por parte de los grandes industriales, así como la aparición del Fascio como un gran movimiento unitario de la clase dominante. Su implantación en las grandes y ricas regiones rurales de Emilia-Romaña, anterior incluso al dominio de las grandes ciudades industriales, se produjo precisamente en las zonas rurales caracterizadas por una agricultura avanzada, plenamente capitalista, como la imperante en el Valle del Po. La gran burguesía terrateniente de Emilia-Romaña dio su total apoyo al fascismo, que apenas si tuvo eco en el atrasado sur de Italia.

Todavía fueron precisos dos años de auténtica guerra civil (1921 y 1922), la preciosa colaboración del socialismo reformista y la traición del sindicalismo de la CGL, para que el fascismo pudiera dominar los grandes centros industriales del norte de Italia. Pero una vez conseguido esto, tras el fracaso de la huelga general de agosto de 1922, la Marcha sobre Roma se convirtió en puro trámite.

Trámite en el que Bordiga no dejó de subrayar la toma democrática del poder por los fascistas, con el voto favorable de todas las formaciones políticas liberales y democráticas existentes entonces en el Parlamento.

AYER

Pasados cien años de la publicación de los artículos de Bordiga sobre el origen y auge del fascismo en Italia, podemos afirmar, sin duda alguna, que el antifascismo ha sido la peor consecuencia histórica e ideológica del fascismo y es, hoy, el último baluarte teórico del capital.

La esencia del antifascismo radica en promover la lucha contra el fascismo, fortaleciendo la democracia. Esto es, no apoya la lucha contra el capitalismo, sino sólo contra su forma fascista. No lucha por destruir el capitalismo, no lucha por la revolución proletaria, su objetivo es la caída del fascismo para restablecer la democracia burguesa.

El antifascismo conduce a la lucha por una opción burguesa, excluyendo toda alternativa revolucionaria y anticapitalista. Y esa exclusión es precisamente la función contrarrevolucionaria del antifascismo.

No existe un antifascismo revolucionario, más allá de la vacua retórica de un confuso oxímoron. El antifascismo siempre es democrático e integrador, nunca es antisistema, y siempre es objetivamente contrarrevolucionario.

Otra cosa es la imagen deforme y falsa que los militantes antifascistas creen y difunden de sí mismos como gallos peleones con un terrible espolón, cuando solo son desplumadas aves de corral, listas para ser degolladas y arrojadas al caldero.

HOY

Los medios de comunicación son la voz de su amo y del gran capital que los financia. Los desacreditados, falsarios y corruptos socialistas y populares del partido único PP-PSOE necesitan desesperadamente el espantajo fascista para mantenerse en el escenario político, y, además, como si fuesen opciones diferentes, cuando no lo son.

Derechos y libertades democráticas colisionan y se contradicen con la defensa prioritaria de los intereses del capital por parte del Estado. Esta contradicción lleva a la burguesía a renunciar a su propia ideología democrática y revela la naturaleza represiva del Estado, que ha de defender los intereses del gran capital por todos los medios a su alcance, incluidos los que suponen la abolición de los derechos y libertades democráticos más elementales.

Democracia y fascismo no se oponen, sino que se complementan, ya sea de forme alternativa o complementaria. *Podemos* y su propuesta de alianza antifascista se complementa con el fascismo de *Vox*: se trata de someter al proletariado a la alternativa entre fascismo y antifascismo, cegando cualquier vía anticapitalista.

Podemos llama a defender la democracia capitalista, agitando el espantapájaros fascista de *Vox*: ¡Cuidado que viene el lobo! Defienden el vigente sistema; corrupto, mafioso y explotador ¡porque peor sería el fascismo!

El desdoblamiento político de la burguesía bajo sus dos aspectos: fascista[3] o democrática[4] convergen en una estrategia común de la burguesía, en defensa de sus intereses históricos de clase. La función de la socialdemocracia (PSOE y *Podemos*) es la de desviar las luchas del proletariado de su objetivo histórico de emancipación clasista y, por lo tanto, anticapitalista, para conducirlo a la defensa de la democracia capitalista. Es necesario preparar el altar de la sagrada unidad antifascista de todas las clases, para así conseguir la aceptación de todos los sacrificios económicos "necesarios", incluidas las libertades democráticas y el nivel de vida de los trabajadores. Se apunta al recorte de los presupuestos en educación, servicios sociales o sanidad y al incremento en armamento y defensa, por deseo y exigencias del emperador estadounidense.

Suenan tambores de guerra y la economía de guerra mundial despunta como motor económico fundamental de un futuro distópico.

Vox carece de programa, porque a los cien puntos de su pretendido proyecto político sólo se le puede calificar como vía libre al capitalismo salvaje y esclavización del proletariado: el franquismo como solución. El fascismo no es un producto de las capas reaccionarias de la burguesía, ni producto de una sociedad feudal, sino muy al contrario producto de un capitalismo avanzado que, ante la galopante crisis económica que se avecina, pasa preventivamente a la ofensiva.

Existe una continuidad esencial entre democracia y fascismo, de igual manera que en el siglo XIX existió una continuidad básica entre liberalismo y democracia. Los métodos socialdemócrata y fascista, en lugar de alternarse en el gobierno, tienden a fusionarse. *Podemos* y *Vox* son dos voces diferentes para defender los mismos intereses: los del gran capital financiero y de las multinacionales.

PSOE y *Podemos*, y otros, nos piden que aceptemos alegremente el vigente sistema capitalista salvaje, corrupto y caduco para salvarnos del fascismo.

Fascismo y democracia solo eran dos formas de gobierno del capitalismo. Pero, hoy, el capitalismo es un sistema obsoleto, que solo puede ofrecernos miseria, horror y muerte. Por primera vez en la historia se plantea la posibilidad de la desaparición de la especie humana y de toda forma de vida, a causa de la explotación incontrolada y excesiva de los recursos naturales por un capitalismo salvaje y suicida. Sin embargo, dado que esto afecta a los beneficios inmediatos de las multinacionales, los gobiernos no hacen nada ante una catástrofe anunciada.

La alternativa no es fascismo o antifascismo, porque ambos defienden el sistema capitalista, mientras nos engañan con un falso enfrentamiento.

Hace ochenta años, fascismo y democracia eran dos formas diferentes de gobierno del Estado capitalista; hace cuarenta, eran dos formas alternativas, que los Estados aplicaban en función de la relación de fuerzas existente; hoy, se han fusionado y apenas son diferentes talantes del mismo método de gobierno, explotación salvaje de la naturaleza y ataque generalizado a las condiciones de vida del proletariado. Mejor esclavos que trabajadores.

LA GLOBALIZACIÓN

La globalización cambió ligeramente las reglas de juego. Surgió una nueva clase corporativa (inferior al uno por ciento de la población), gestora de las multinacionales, de perspectivas, carácter, ámbito, vida, hábitos e intereses internacionales, diferente y hasta opuesta a la clase empresarial de carácter, espacio y circunstancias nacionales. Este enfrentamiento provocó nuevos y extravagantes fenómenos, como el *Brexit* o el independentismo catalán. Los Estados nacionales fueron incapaces de conciliar o representar los intereses de una clase media proletarizada y unas burguesías nacionales en peligro de extinción. La democracia parlamentaria dio paso a un totalitarismo democrático, sin derechos ni libertades reales.

Entre los proletarios se incrementó hasta el paroxismo el paro, la indigencia y el precariado. Surgieron fenómenos nuevos y descarnados como el trabajador pobre, con salarios de hambre y miseria.

Esta nueva clase corporativa sin raíces geográficas aparece como totalmente indiferente y ajena a las cuestiones sociales, ecológicas o laborales. Los gobiernos democráticos se transformaron en rehenes de esta nueva clase corporativa, que no controlan en absoluto, como aún pueden hacer con las empresas de carácter nacional.

De esta forma, la apariencia formal de las democracias occidentales oculta la gestión tiránica de la economía internacional por esta minoritaria y elitista clase corporativa, independiente de los débiles Estados nacionales, que lo someten y subordinan todo a los beneficios e intereses de las grandes firmas multinacionales que, ni pagan impuestos, ni cumplen la legislación vigente, contaminan sin límites ni medida, o amenazan con irse a otro lugar.

En el capitalismo no hay futuro y la posglobalización apunta a nacionalismos fascistas y anti proletarios, enfrentados entre sí en guerras comerciales que desembocarán, sin remedio, en innumerables y permanentes guerras militares imperialistas, convertidas en motor económico necesario e imprescindible de ese capitalismo de Estado totalitario, obsoleto y caduco.

Profundicemos, depuremos y afilemos la teoría, porque las batallas del mañana son de una magnitud gigantesca y nos jugamos la existencia como especie humana. Revolución o barbarie.

Agustín Guillamón
Barcelona, 1 de febrero de 2025

08
SOCIALDEMOCRACIA

AYER

La socialdemocracia es una corriente política que surgió a finales del siglo 19 del seno del movimiento obrero alemán. El Sozialdemokratische Partei Deutschlands o SPD alemán, fundado en 1869, no sólo fue el partido socialista más antiguo y el más importante, sino que además fue el modelo a seguir por el resto de partidos de la Segunda Internacional: Dinamarca 1878, España 1879, Bélgica 1885, Austria y Suecia 1889, Hungría 1890, Italia y Polonia 1892, Rumania 1893, Bulgaria y Holanda 1894, Argentina 1896, Rusia 1898, Francia 1902/1905. En Inglaterra y algunos otros países optaron por denominarse laboristas.

Expulsados los anarquistas de la Segunda Internacional, en 1896, todos los partidos socialistas adoptaron principios ideológicos inspirados en el marxismo. Hasta el estallido de la Primera Guerra Mundial, anidó en el seno de todos los partidos nacionales una tendencia revolucionaria, radicalizada y minoritaria, pero teóricamente potente y muy activa (Luxemburgo, Lenin), enfrentada a una base sindical y popular de carácter moderado y mentalidad reformista (Bernstein, el último Kaustky, Lassalle).

Los objetivos fundamentales de los partidos socialistas fueron el sufragio universal y la conquista del Estado, para utilizarlo como medio de transformación gradual del capitalismo hacia el socialismo. Bernstein defendía este gradualismo como un proceso de reformas políticas y económicas. Estas reformas eran el objetivo prioritario del movimiento obrero, y en consecuencia las elecciones y el parlamentarismo se convirtieron en el método principal, sino único, del lento, progresivo y constante avance hacia el socialismo.

Para Bernstein las reformas que propugnaba no eran sólo un sistema de obtención de beneficios inmediatos, sindicales o sociales, sino que la democracia era un concepto mejorable y además un objetivo político que debía conquistarse mediante la lucha por el derecho de los sindicatos a participar no sólo en la administración de empresas, sino también en la dirección política del Estado.

Por su parte, los partidos laboristas pensaban que la transición al socialismo podía lograrse, mejor, con una evolución de la democracia representativa que, por una revolución violenta, o algún otro medio alternativo al de las elecciones democráticas.

Bernstein fue condenado y rechazado, en teoría, por todos los partidos socialistas; pero en la práctica sus posiciones gradualistas influyeron enormemente en el socialismo internacional y en la mentalidad de los militantes socialdemócratas.

La Primera Guerra Mundial supuso la quiebra de la Segunda Internacional, cuando los diferentes partidos socialistas, sobre todo el alemán y el francés, votaron favorablemente y casi por unanimidad los créditos de guerra en sus respectivos parlamentos nacionales. Las conferencias internacionales de Zimmerwald y Kienthal visualizaron que todos los revolucionarios opuestos a la gran carnicería de trabajadores cabían en sólo dos coches.

El triunfo de los bolcheviques en Rusia hizo que el socialismo internacional se dividiese definitivamente en dos grandes tendencias ideológicas; las facciones más radicales de los partidos socialistas se escindieron y acabaron conformando partidos comunistas, integrados en la Tercera Internacional (también llamada Internacional Comunista o Komintern), que seguía una línea cercana al gobierno de Moscú.

Así surgieron los partidos comunistas de Italia, España, Francia, etcétera. Los partidos socialistas, escindida el ala radical, adoptaron con mayor fuerza el concepto y apelativo de socialdemócratas.

Algunos de estos partidos llegaron a alcanzar tareas de gobierno, en solitario o en coalición, incluso con partidos comunistas, en la Europa de entreguerras, en los llamados Frentes Populares. Estos partidos socialdemócratas defendían la unidad antifascista y las reformas como el camino hacia un socialismo sin propiedad privada y no se oponían a la existencia de la URSS. Los partidos laboristas, influidos por el keynesianismo, entendían que lo fundamental era el control estatal de los mecanismos financieros, a partir de lo cual seguiría un proceso lento de evolución hacia el socialismo.

Después de la Segunda Guerra Mundial, la socialdemocracia europea abandonó el marxismo y elaboró una nueva visión de las relaciones entre capitalismo y socialismo, proponiendo un mayor intervencionismo estatal en los procesos de distribución de la riqueza, una política fiscal progresiva y una red asistencial subvencionada, que configuraba el Estado del bienestar. En 1959, en el Congreso de Bad Godesberg, el SPD abandonó el marxismo, identificando totalmente socialismo y democracia. El PSOE lo haría en 1979.

Los pensadores y políticos más destacados fueron León Blum, Ramsay McDonald, Pierre Mendès-France, Tony Crosland, John Maynard Keynes, John Kennet Galbraith, Olof Palme (Primer ministro sueco, desde 1969 hasta 1976), Bruno Kreisky (Canciller de Austria,

1970 -1983), Willy Brandt (Canciller alemán, 1969-1974), Nehru, etcétera. Sin ánimo de caer en la caricatura sus exponentes españoles son Pablo Iglesias Posse (1850-1925), Francisco Largo Caballero (1869-1946) y Felipe González. Zapatero sería ya un progre de pies a cabeza, sin vestigios de ningún pensamiento, ya fuera socialdemócrata o no.

HOY
Hasta el siglo 21 los socialistas se presentaban como los mejores gestores del capitalismo. Eran un movimiento político que propugnaba la reforma de las estructuras sociales y políticas capitalistas. Concedían el máximo valor a la lucha parlamentaria como instrumento para el logro de sus fines; rechazaban la violencia y la acción ilegal. Eran los más reticentes a la alianza con los comunistas y los más favorables y cautos ante las corporaciones transnacionales y la especulación financiera.

Muchos socialdemócratas mantienen que no hay un conflicto entre la economía capitalista de mercado y su definición de una sociedad del bienestar, mientras el Estado posea atribuciones suficientes para garantizar a los ciudadanos una debida protección social.

Se diferencian del liberalismo y del neoliberalismo por su insistencia en la regulación de la actividad productiva y en la progresividad y cuantía de los impuestos. Esto se traduce en un incremento de la acción del Estado y los medios de comunicación públicos, así como de las pensiones, ayudas y subvenciones a asociaciones culturales y sociales. Algunos gobiernos europeos, bajo la presión del neoliberalismo, aplicaron una variante: la llamada Tercera Vía, con un menor intervencionismo y presencia de empresas públicas, pero con el mantenimiento de las ayudas y subvenciones típicas de la socialdemocracia. Era la vía propuesta por Tony Blair (Primer ministro del Reino Unido, 1997-2007), que muy pronto se mostró obsoleta.

Podemos decir que la socialdemocracia nutre en la actualidad a la ideología de la izquierda política del capital y a la mentalidad progre, pero ha quedado muy dañada por las críticas neoliberales y la ruina del Estado del bienestar.

Entre los pensadores que han tenido más influencia sobre la socialdemocracia en el presente se encuentran Gerhard Schoeder, Paul Krugman, Robert Solow, Joseph Stiglitz, Norberto Bobbio y Zyfmunt Buaman. Las ideas que dieron paso a las posiciones de Tony Blair provenían de la obra de Anthony Giddens y Jeffey Sachs.

Los partidos socialdemócratas se encuentran entre los más importantes en la mayor parte de los países europeos. En Estados Unidos los socialistas son una rareza y siguen siendo considerados, fuera de toda razón, como peligrosos extremistas y revolucionarios.

La mayor parte de los partidos socialdemócratas son miembros de la aséptica, funcionarial y burocratizada Internacional Obrera y Socialista, fundada en 1951.

A menudo se utilizan los términos "socialismo" o "socialista" en referencia a la socialdemocracia y los socialdemócratas, pese a que el concepto "socialismo" es más amplio, ya que en diferentes países pueden incluir a socialistas, comunistas y anarquistas, aunque cada vez más sólo como referencia histórica a su origen ideológico común a mediados del 19.

PROGRES

El pensamiento progre es entendido como una serie de ocurrencias, más o menos incoherentes e inconexas, propias del centro-izquierda del arco parlamentario. El refundado PSOE lideró el progresismo político durante el gobierno de Felipe González (1982-1996). Con Zapatero (2004-2011) se perdió ya toda ideología socialdemócrata y los progres mostraron todas sus contradicciones e ineficiencia, propias del vacío oportunismo político que los nutre.

Abandonado el marxismo por Felipe González (1979) y convertido el PSOE con Zapatero en el partido único PP-PSOE, los progres proponen verbalmente unos planes de bienestar social cada vez más reducidos e imposibles, defendiendo en la práctica el capitalismo salvaje de las transnacionales y el capital financiero, que sólo genera mayor concentración de riqueza y desigualdad social, sin más horizonte que la aceleración de la catástrofe mundial y la posible desaparición de la especie humana.

Con la crisis de 2008, la única joya programática socialista, el Estado del Bienestar, se derrumbó hasta disolverse en la nada, convirtiendo a los progres en pésimos gestores del capital. Apenas si se diferenciaban de la extrema derecha por su buenismo, tolerancia y talante cultural, favorables al aborto, el reconocimiento de los derechos homosexuales, la igualdad de la mujer y la resignación ante una masiva inmigración.

En agosto de 2011 Zapatero y el partido único reformaron la constitución por vía de urgencia, sin referéndum, para someter los presupuestos a la disciplina fiscal exigida por Merkel. Su fracaso en las políticas sociales, al no poder conservar los presupuestos para educación y sanidad, subvenciones sociales, mantenimiento de las pensiones, etcétera, junto con el incremento desmesurado del paro y los casos de corrupción generalizada en sus filas , como en cualquier otro partido, hizo de los progres unos ineptos sin ningún tipo de credibilidad. En privado hacen exactamente lo contrario de lo que predican en público. Ya no creen en la utopía y quizás en nada. Ignoran la vieja tradición socialista, que aún fingía defender principios como la solidaridad o la igualdad. Su evidente despolitización los convierte en oportunistas amorales, inverosímiles, despreciables y despreciados.

Los diputados socialistas que han permitido la investidura de Rajoy no son traidores a nada, sino todo lo contrario: han sido coherentes. Los que han votado no a Rajoy valoran más la propia imagen que el servicio debido a sus amos: es una cuestión de estética.

La ideología progre no es ya una filosofía, ni una ideología, ni una fe; sino sólo una coartada para defender sus propios privilegios elitistas en una sociedad, como la española, líder europeo en paro, prostitución, alcoholismo, tráfico y consumo de drogas, nula calidad en la enseñanza, fracaso escolar, incremento de la pobreza, desprestigio de la democracia representativa, edén de las castas políticas y pérdida de valores éticos.

Son unos inútiles bobos y su antiguo prestigio es irrecuperable. Sus ruinas ideológicas y programáticas se encuentran entre los siguientes postulados, en los que ni creen ni se les cree, porque entran en contradicción con su fundamental fidelidad y defensa del sistema capitalista y de obediencia a los dueños del mundo:

1. Economía mixta, en la que coexisten propiedad privada y propiedad estatal. El Estado subvenciona una sanidad y una educación universales y de calidad.

2. El Estado coordina y planifica una seguridad social eficiente, casi universal, capaz de asegurar unas pensiones dignas, proteger de la pobreza y la enfermedad y subvencionar el paro.

3. El Estado debe promover la sindicación de los trabajadores y la legislación protectora de los consumidores respecto a los abusos de las transnacionales y el capital financiero.

4. El Estado debe proteger el medio ambiente, legislar la protección de la naturaleza, las energías alternativas y enfrentarse al cambio climático, sin tocar los beneficios de las transnacionales.

5. El Estado debe imponer un sistema impositivo progresista, pero no persigue a los grandes defraudadores. El Estado debe ser incorrupto e incorruptible, como el brazo de santa Teresa, pero lo de la santa es un milagro.

6. El Estado debe ser laico, pero la Iglesia Católica no paga impuestos y disfruta de privilegios inauditos en la enseñanza y en la apropiación de bienes comunales o sin propietario.

7. El Estado debe legislar en favor de los inmigrantes, del comercio justo internacional y del pluralismo cultural; pero financia mezquitas salafistas y levanta alambradas o Centros de Internamiento de Extranjeros (CIE).

8. El Estado debe proteger internacionalmente los derechos humanos y la democracia, pero no se investigan los asesinatos y desapariciones de la guerra civil.

9. En un momento de exaltación extrema pueden llegar a proponer la renta básica universal para todos los ciudadanos, por el solo hecho de haber nacido o residir en el territorio nacional.

10. Quieren ser los mejores gestores del capitalismo, los mejores defensores de los intereses de las transnacionales y de las finanzas: FMI, Banco Mundial y OMC. Y este punto fundamental, en momentos de crisis del sistema, tiene prioridad absoluta sobre los 9 puntos anteriores, que quedan en un quiero, pero no puedo.

*

Estos diez puntos destacan las brutales contradicciones insalvables de los progres, los convierten en la izquierda del capital, aliados naturales de la derecha del capital con la que conforman pensamiento y partido único (PP-PSOE), y los alienta a considerarse teatrales competidores de la extrema izquierda del capital (En común-Podemos), a los que intentan entregar la antorcha para continuar la farsa.

Porque no se trata de conquistar el Estado, sino de destruirlo. No se trata de gestionar, reformar o perfeccionar el capital y su forma de representación política: la democracia, sino de negarlos y superarlos.

Agustín Guillamón
Web *Ser Histórico*, enero 2019

09
EL GRUPO FRANCO-ESPAÑOL DE LOS AMIGOS DE DURRUTI

(Véase el contexto histórico en A. Guillamón: *CNT versus AIT. Los comités superiores cenetistas contra la oposición revolucionaria interna e internacional*. Descontrol, 2022)

INTRODUCCIÓN[1]

Charles Cortvrint[2], belga, y Charles Carpentier[3], del norte de Francia, ambos militantes anarquistas, atravesaron la frontera franco-española el 29 de julio de 1936. Charles "Ridel" ya había estado en España, en el congreso de la CNT de Zaragoza, en mayo de 1936, y redactó un informe de ese congreso, que se publicó en *La révolution proletarienne*. Días después de cruzar la frontera, ya en Barcelona, se entrevistaron con Abad de Santillán, que les ofreció un pase de periodistas, que rechazaron, porque lo que querían era luchar en el frente de Aragón. Se unieron a Louis Berthomieux, antiguo capitán de artillería, que ahora era un indigente, que vivía en un barrio de barracas, con los gitanos.

Este trío, ante la llegada de numerosos voluntarios anarquistas extranjeros para combatir en España, tuvo la idea de agruparlos para fundar el Grupo internacional de la Columna Durruti. Participaron en la toma de Pina de Ebro y de Osera, así como en un intento fallido de establecer una cabeza de puente en la otra orilla del Ebro. En septiembre de 1936 sesenta hombres del grupo internacional, con gran experiencia militar, participaron como tropa de elite en el asalto de Siétamo, donde tuvieron 37 bajas, entre muertos y heridos.

El 17 de octubre de 1936 el grupo internacional fue diezmado en Perdiguero, tras duros combates con la caballería marroquí, que había conseguido encerrarlos en una bolsa, y aislarlos del resto del frente, ya que no les había llegado la orden de retirada, porque el enlace que debía comunicarla se había extraviado. Berthomieux había preferido saltar con una carga de dinamita antes que caer en manos del enemigo. Ridel y Carpentier, que sólo unas horas antes habían ido a buscar armas y municiones suplementarias, sólo pudieron participar en la ruptura del cerco para forzar la retirada final. Murieron 170 milicianos del total de 240 de que constaba entonces el grupo internacional, que en la práctica desapareció como tal. Tras este desastre militar Ridel y Carpentier regresaron a Francia. Charles Ridel, a petición de la Union

Anarchiste (UA), se dedicó a dar conferencias para recaudar fondos, y a la organización de la ayuda a los milicianos que combatían por la revolución en España. Carpentier regresó a España en diciembre de 1936, y participó en la lucha de las barricadas, en Barcelona, durante las jornadas de mayo de 1937, regresando poco después definitivamente a Francia para evitar las checas estalinistas.

En noviembre de 1937 Charles Ridel, Charles Carpentier, Lucien Feuillade ("Luc Daurat") y Guyard, se manifestaron en contra de las resoluciones y acuerdos del congreso de la UA[4]. El congreso se celebró del 30 de octubre al 1 de noviembre de 1937. En primer lugar, se constató la necesidad de adoptar nuevas medidas organizativas para hacer frente al fuerte crecimiento del número de militantes y de la tirada de *Le Libertaire*, ya que ambos se habían cuadriplicado en el último año. Sin embargo, el tema que centralizó y encrespó el debate del congreso fue el de la solidaridad con España. En realidad, cuando las resoluciones aprobadas en el congreso afirmaban "la solidaridad total de la UA con España", lo que se estaba confirmando era la solidaridad y aprobación por parte de los anarquistas franceses del COLABORACIONISMO de la CNT y la FAI con el gobierno burgués y republicano español.

Ridel inició el debate con la crítica de los errores más destacados de la UA, durante el último año, que para él eran éstos:

1.-El anarquismo debe ser un sector del movimiento obrero y no una filosofía.

2.-Ha de cambiarse la estructura organizativa, que cargaba todo el trabajo en los cinco o seis cargos de responsabilidad, en lugar de hacerlo en toda la organización.

3.-Era precisa una mayor coherencia política.

4.-Deploraba la insuficiente preparación del Congreso.

5.-Lamentaba la participación en el mitin del Velódromo de Invierno[5], de los estalinistas Cachin y Jouhaux[6].

6.- Deseaba *que se permitiera exponer en Le Libertaire* las diversas posiciones políticas de los anarquistas españoles. En el congreso francés, el sector mayoritario pronunció frases dignas de figurar en una antología de los partidarios del colaboracionismo de los anarquistas con el Estado republicano. Dijo Servant, en respuesta a las críticas de Ridel:

"Si ha habido algún error de los anarquistas españoles, no es el de haber colaborado con el gobierno con los sectores políticos, sino el de no haber conservado dicha colaboración."

Del mismo modo, más lacónicamente, refiriéndose a la dejación de principios por parte de los anarquistas españoles, dijo Sail Mohamed:

"Por un fusil, yo habría hecho todas las concesiones".

Al final de la primera sesión el congreso rechazó la moción de "Ridel" que abogaba por la representación con plenitud de derechos de los grupos de fábrica, aprobando la moción que consideraba a esos grupos de fábrica como elementos de reclutamiento sin representación. Esto significaba que el anarquismo francés renunciaba a organizarse firmemente en las fábricas, y optaba por una organización de tipo local más adecuada al cultivo de la filosofía que de la lucha de clases.

La segunda sesión se dedicó exclusivamente al debate sobre España. A la argumentación de Frémont, extremadamente comprensiva con la dejación de principios anarquistas en favor del colaboracionismo con el gobierno, le respondió Daurat con la cuestión clave de la toma del poder en una revolución:

"Creo que la cuestión debe plantearse en el terreno político. ¿Es imposible instaurar el comunismo libertario? Entre tomar el poder y participar en un gobierno Negrín o Caballero, hay una posición [de principios] mínima para los anarquistas, esto es, hacer un llamamiento a las organizaciones sindicales, crear un comité de coordinación, que halle una fórmula revolucionaria lógica para el período transitorio, y [que sea capaz de] organizar la dictadura del proletariado en un plano democrático mediante un gobierno de los sindicatos[7]. Sin embargo, se objetará que existen partidos políticos con los cuales es necesario hacer una parte del camino. Creo que no hay que hacerse ilusiones y no perder de vista que los partidos burgueses no tienen más objetivo que abortar la revolución. En consecuencia, esa parte del camino debe cesar en algún momento. Recordemos los hechos de mayo y los anarquistas encarcelados. ¿La situación es tan desesperada que hay que implorar de París y Londres una paz honrosa?

¿O bien los anarquistas deben intentar reactivar la situación revolucionaria? En un reciente artículo en *Le Libertaire* Gaston Leval justifica los compromisos [del colaboracionismo], declara que era imposible vislumbrar otra cosa que no fuera un gobierno de síntesis (anarquistas, socialistas autoritarios y republicanos). ¿No sería mejor organizar la paz? ¿O revisar de arriba abajo nuestra doctrina? Parece que conviene no hablar de anarquismo en eso que ha dado en llamarse Revolución española.

¿Cuáles son en realidad las realizaciones españolas? ¿Las colectivizaciones de Aragón y Cataluña? Pero si están sometidas al gobierno burgués (Ascaso en prisión) y no son de hecho más que simples cooperativas. El principio de la democracia obrera exigía que después del 19 de julio se constituyeran comités de obreros CNT-UGT. La respuesta que se dió: "Estamos contra la toma del poder", es insuficiente y el anarquismo no debe ser abandonado por la dictadura del proletariado. Hay que constituir el gobierno de los sindicatos[8]."

En definitiva, lo que estaba defendiendo Lucien Feuillade ("Luc Daurat") eran las posiciones anarcosindicalistas como alternativa al colaboracionismo gubernamental.

Guyard mostró también su oposición a las posiciones de la mayoría del congreso, que aprobaban el colaboracionismo de los dirigentes anarquistas españoles:

"la participación ministerial de la CNT en el poder en España fue nefasta, hubo ministros anarquistas al mismo tiempo que había anarquistas en prisión. Hubo falta de energía por parte del ministro de Justicia, que pudo actuar de otro modo apoyado por las organizaciones sindicales."

Fue muy interesante la intervención del delegado de "Paris 14" que tras afirmar que la participación anarquista en el gobierno fue nefasta y criticar las posiciones sobre la URSS y los estalinistas defendidas por *Solidaridad Obrera* y *Catalunya*, constató que la FAI se había convertido en un partido político más. En sus críticas contra las distintas organizaciones y dirigentes excluía expresamente a las Juventudes Libertarias y a Los Amigos de Durruti.

Tras un largo, confuso y acalorado debate en el que la mayoría del congreso expuso ampliamente sus argumentaciones, Carpentier y Ridel intervinieron para resumir las posiciones encontradas sobre el caso español, que se habían puesto de manifiesto. En primer lugar, expusieron su derecho a poder realizar las críticas que consideraban justas y oportunas de la FAI y de la CNT, sin que ello supusiera atacar o traicionar a nadie. Destacaron la existencia de una oposición al colaboracionismo en la propia España, encarnada en Los Amigos de Durruti. En segundo lugar, manifestaron que era lógico decirles a quienes combatían a Franco que había que luchar hasta el final, y también había que combatir al gobierno republicano. En las intervenciones de la mayoría había llegado a decirse que en España no había habido revolución. En último lugar expusieron sus críticas a la catastrófica táctica de la FAI que aceptó compartir las responsabilidades gubernamentales en igualdad de condiciones con los partidos políticos pese a su superioridad numérica. Constaban la falta de preparación de la CNT-FAI y el divorcio existente entre la base y la dirección. Por otra parte, la existencia de ministros anarquistas impidió que las tropas del frente de Aragón bajaran a Barcelona en mayo del 37, y la falta de cooperación de los estalinistas había acabado en fracasos militares en Aragón.

Ridel hizo una durísima crítica del movimiento anarquista español:

"Hay que efectuar la crítica del movimiento [anarquista] español porque pone de relieve los defectos de todo el movimiento anarquista: ausencia de planificación económica, ausencia de programa. La colaboración de clases y gubernamental se ha mostrado impotente, habría de haberse llevado a cabo la amenaza de Durruti: "tomar el dinero del Banco de España"."

Ridel mostró su acuerdo con Daurat al definirse no como antifascistas, sino como anticapitalistas. En su intervención Ridel rechazó tanto a los colaboracionistas como a los puristas. Según él la CNT podía unirse en la lucha con otros partidos políticos, pero nunca con partidos burgueses y en el seno de un gobierno burgués. Y acabó afirmando que:

"Si es imposible que la clase obrera pueda hacer sola la revolución entonces la revolución es imposible".

La sesión terminó con varias intervenciones de la mayoría entre las que destacaban las siguientes argumentaciones favorables a la política colaboracionista del anarquismo español:

1.-No podemos ni debemos constituirnos en un tribunal que juzgue a los camaradas españoles.

2.-La falta de armamento y el peso de las circunstancias impusieron la necesidad de colaborar con otros partidos y con el gobierno burgués en la lucha contra el fascismo.

3.-Si en mayo del 37 se hubiera proclamado el comunismo libertario los anarquistas habrían acabado siendo aplastados por el resto de organizaciones y por el gobierno republicano.

4.- No ha habido abandono de principios por parte de la CNT, no ha habido traición de los ministros anarquistas, se hizo lo único que se podía hacer.

5.- Era preferible el repliegue adoptado por el anarquismo español a su aplastamiento: esto ha permitido la colectivización de las empresas, que atestiguan el valor de las concepciones revolucionarias anarquistas.

En la tercera sesión del congreso se debatió la acción del Comité pro España Libre, creado por la UA con el fin de extender y fortalecer la solidaridad internacional antifascista. Guyard y Ridel aprobaron la labor del Comité, objetando que ello no sancionaba el nuevo organismo que se proyectaba (la Solidaridad Internacional Antifascista (SIA)) y lamentando que los mítines del Velódromo de Invierno se hicieran sin una consigna común. El debate terminó con la aprobación de la creación del SIA.

Por la tarde se trató el tema de la organización de la UA. Frémont fue el encargado de abrir el debate. En su intervención intentó acallar las críticas de la oposición afirmando que la organización siempre tenía razón y que los desacuerdos parciales en determinados aspectos debían desaparecer frente al adversario:

"Incluso en caso de desacuerdo, la solidaridad y el espíritu organizativo nos llevan a justificar públicamente las posiciones de la FAI".

El congreso finalizó pues con la absoluta victoria de las tesis defendidas por la mayoría del congreso, marcado sin embargo por la firme defensa por parte de los disidentes Ridel, Daurat, Guyard y Carpentier de sus críticas a la deriva colaboracionista del movimiento anarquista español, refrendados ahora por el congreso francés de la UA. Por lo menos en Francia había sido posible la crítica abierta de las posiciones ideológicas del anarquismo de Estado, y había sacado a la luz la existencia de una oposición libertaria a la dejación de principios ácratas y al colaboracionismo de la CNT- FAI. Eso no había sido posible en España, donde los comités dirigentes habían intentado la expulsión de Los Amigos de Durruti, y en todo caso habían conseguido su ostracismo y clandestinidad. En Francia sólo fue posible el debate después que los anarquistas fueran desplazados (como había constatado Ridel durante el congreso) de las tareas gubernamentales. Pero en todo caso el resultado fue similar tanto en España como en Francia: la absoluta marginación de los disidentes por la mayoría, partidaria del colaboracionismo con los partidos burgueses, incluso en el seno de un gobierno capitalista.

En febrero de 1938 "Charles Ridel" (Charles Cortvrint) fundó con "Luc Daurat" (Lucien Feuillade), la revista *Revisión*. En esta revista anarquista de teoría y análisis, en la que se expusieron y defendieron las posiciones de Los Amigos de Durruti, los disidentes del congreso pudieron desarrollar sus análisis sobre la situación internacional, así como interesantes temas de teoría política, fundamentalmente sobre la cuestión del Estado.

En el primer número apareció un manifiesto firmado por Maire-Louise Berneri, Suzan Broido, "Luc Daurat" (Lucien Feuillade), René Dumont[9], Greta Jumin, Marester, Jean Meier, Jean Rabaud, "Charles Ridel" (Charles Cortvrint) y Sejourne, que explicaba las razones que hacían necesaria la aparición de la nueva revista. La revista era considerada como una plataforma común de los jóvenes revolucionarios, que, aunque de distintos credos políticos, ya fueran marxistas o anarquistas, coincidían en la necesidad de revisar y criticar las posiciones caducas, ya fueran de carácter oportunista o purista estrechamente asociadas al movimiento anarquista, ya fueran el sectarismo socialista o estalinista o bien la hipercrítica de las distintas oposiciones comunistas. La revista, aunque se declaraba libertaria, era independiente de cualquier organización o partido y se consideraba abierta no sólo a la crítica y el análisis de la realidad existente, sino también a la teorización de las experiencias revolucionarias rusa y española, así como del fenómeno fascista en Italia y Alemania.

En el número 3 de la revista, fechado en abril de 1938, se publicó con carácter monográfico un estudio colectivo de los problemas referentes al Estado y la Revolución.

Se trataba de un estudio, riguroso y muy interesante, de la cuestión del Estado y de los problemas que plantea una revolución proletaria, en el que se hacía una exposición crítica de las tesis socialistas, estalinistas y anarquistas. El estudio finalizaba en el número 4 de la revista. Como un apartado más de ese estudio sobre el Estado y la Revolución se hacía una exposición del programa de Los Amigos de Durruti, que por su destacado interés reproducimos en su totalidad:

"En fin, la experiencia española al someter a la prueba de fuego de la práctica toda la doctrina anarquista, ha permitido a una organización catalana: Los Amigos de Durruti, establecer un programa simple y preciso en el que se plantea la cuestión de qué organismos deben responder a las necesidades de la lucha civil. Este programa se aproxima mucho a la concepción sindicalista; por otra parte, hace aparecer por primera vez en la ideología libertaria el concepto concreto de un órgano centralizado que debe enfrentarse a los peligros más apremiantes.

Helo aquí, tal como Los amigos de Durruti lo han publicado[10]:

"<u>I. Constitución de una Junta Revolucionaria o Consejo Nacional de Defensa.</u> Este organismo se constituirá de la siguiente manera: los miembros de la Junta Revolucionaria se elegirán democráticamente en los organismos sindicales. Se tendrá en cuenta el número de camaradas desplazados al frente que necesariamente habrán de tener representación. La Junta no se inmiscuirá en los asuntos económicos, que atañen exclusivamente a los sindicatos.

Las funciones de la Junta Revolucionaria son las siguientes:
a) Dirigir la guerra;
b) Velar por el orden revolucionario;
c) Relaciones internacionales;
d) Propaganda revolucionaria.

Los cargos serán renovados periódicamente para evitar que nadie tenga apego al mismo. Y las asambleas sindicales ejercerán el control de las actividades de la Junta.

<u>II. Todo el poder económico a los sindicatos.</u> Los sindicatos han demostrado desde julio su gran poder constructivo. Si no se les hubiese relegado a un papel de

segunda fila, hubieran dado un gran rendimiento. Serán las organizaciones sindicales quienes estructuren la economía proletaria.

Teniendo en cuenta las modalidades de los sindicatos de industria y de las federaciones de industria, podrá además crearse un Consejo de Economía con el objetivo de coordinar mejor las actividades económicas.

III. Municipio Libre. (...) Los Municipios se encargarán de las funciones sociales que se escapan de la órbita de los sindicatos. Y como vamos a estructurar una sociedad netamente de productores, serán los propios organismos sindicales quienes irán a nutrir los centros municipales. Y no habiendo disparidad de intereses no podrán existir antagonismos.

Los Municipios se constituirán en federaciones locales, comarcales y peninsular. Los sindicatos y los Municipios establecerán relaciones en el área local, regional y nacional."

Los Amigos de Durruti preconizan igualmente una serie de medidas como son: la lucha contra la burocracia y los salarios anormales; el establecimiento de un salario familiar; la socialización de la distribución y el racionamiento; el control sindical de las milicias; la organización de la policía por los sindicatos; la socialización agraria; una política internacional basada en los centros obreros del extranjero y en su acción; la alianza entre los sindicatos obreros de las diferentes tendencias, con exclusión de los burócratas, arribistas y cargos sindicales de los partidos políticos; el rechazo a colaborar con las fuerzas burguesas y estatales, o reforzarlas del modo que sea.

Creemos que éste es el primer programa concreto defendido públicamente por una tendencia anarquista, aplicado a una situación real y hecho con consignas precisas.".

Cabe destacar que Charles Ridel subrayaba el carácter sindical, o si se quiere anarcosindicalista, del programa de Los Amigos de Durruti. Por otra parte, cuando Ridel hacía alusión a las alianzas sindicales, tanto en sus intervenciones en el congreso de la UA, como en *Revision*, parece referirse a la UGT. Y en esto está malinterpretando a Balius, porque Los Amigos de Durruti, después de mayo del 37, sabían que la UGT en Cataluña era una organización sindical estalinizada con la que no era posible alianza alguna. Cuando Los Amigos de Durruti hablaban de sindicatos normalmente hacían referencia a los distintos sindicatos de ramo (del metal, del textil, de la alimentación, etc....) de la CNT, no a la UGT.

En este mismo número 4 de *Revision* aparecía la convocatoria para el miércoles 6 de abril de 1938 de una conferencia de Ridel, en París, sobre el tema "La posición y el programa de Los Amigos de Durruti". Podemos afirmar pues, que Charles Ridel, tras el congreso de la UA de noviembre de 1937, se convirtió en propagandista y valedor de las posiciones y del programa de Los Amigos de Durruti en Francia.

El número 5 de *Revision* se publicó en junio-julio de 1938, para no aparecer durante un año, a causa del alza de los precios de imprenta, del retroceso de movimiento obrero francés y de la debilidad del grupo editor.

El 26 de enero caía Barcelona en manos de las tropas franquistas. En febrero se producía el paso de la frontera francesa por centenares de millares de exiliados españoles. Entre ellos Jaime Balius, que en la evasión del campo de concentración de la Tour de Carol perdió una maleta llena de documentos.

En agosto de 1939, en el número 6 de *Revision*, se publicaron textos firmados por el Grupo franco-español de Los Amigos de Durruti. El grupo estaba apoyado por los disidentes del congreso de la UA y redactores de la revista *Revision*, que simpatizaban con las posiciones de Los

Amigos de Durruti, al tiempo que desarrollaron críticas muy duras al movimiento anarquista oficial. Los militantes más activos y destacados de este grupo disidente fueron Lucien Feuillade y Charles Cortvrint, que contaron además con el apoyo y solidaridad de André Prudhommeaux, director de *L'Espagne nouvelle*.

El número 6 de la revista *Revision* apareció con el subtítulo de "correo de los campos de concentración" y publicó varios comunicados del Grupo franco-español de Los Amigos de Durruti. En realidad, todo el número se dedica al tema español, a las condiciones de vida de los exiliados españoles en los campos de concentración y a manifestar la solidaridad y apoyo del grupo editor al programa defendido durante la guerra por Los Amigos de Durruti. La revista se hacía eco de la discriminación de que eran objeto los miembros de Los Amigos de Durruti por parte del SIA, porque se habían atrevido a publicar en *Le Réveil Syndicaliste* un artículo crítico con los dirigentes anarquistas españoles.

Los documentos firmados por El Grupo franco-español (o también: Agrupación franco-española) de Los Amigos de Durruti, son los siguientes:

1.-"La evolución de la democracia francesa" (en francés).

2.-"Una nueva etapa. Somos los de siempre" (en español).

3.-"La tragedia española" (en español).

También se publicó en este número un "Documento que la Comisión provisional de relaciones de los campos de concentración dirige a la Diputación permanente de las ex-Cortes republicanas españolas", publicado en español, al que da su adhesión la Agrupación de Los Amigos de Durruti, así como una serie de notas, noticias y artículos breves redactados en español, que aparecen sin firma alguna.

Lo más importante de este número de *Revision*, fechado en agosto de 1939, es precisamente la constancia que da de la formación del Grupo franco-español de Los Amigos de Durruti, en el exilio francés, aunque la declaración formal de guerra con Alemania, y la consiguiente movilización general, a principios de septiembre, hicieron imposible la continuidad del Grupo.

Por otra parte, André Prudhommeaux decidió publicar un número triple de *L'Espagne nouvelle*, con el subtítulo de "L'Espagne indomptée", fechado en julio-setiembre de 1939, en el que aparecieron dos artículos de Balius. En este mismo número de *L'Espagne nouvelle* aparecieron unos interesantes artículos firmados por A.P. (André Prudhommeaux), Ridel, Hem Day, Malander y Ernestan, muy próximos a las posiciones críticas de Los Amigos de Durruti. También se publicó en inglés un artículo titulado "The Friends of Durruti accuse", firmado por "The Franco-Spanish Group of The Friends of Durruti", que apareció en el número de junio-julio de 1939 de Solidarity, órgano de la Anti- Parlamentary Communist Federation (APCF)11 . La publicación del artículo de Los Amigos de Durruti se debió probablemente a Jane Patrick y Ethel MacDonald, que, desde su permanencia en España, desde octubre de 1936 hasta 1938, sostenían posiciones críticas respecto al colaboracionismo gubernamental de la CNT-FAI.

Tanto en Francia como en el Reino Unido la Guerra de España supuso una revitalización y cierto auge del movimiento anarquista, pero también el surgimiento de posiciones políticas enfrentadas, que les planteaba la necesidad de optar entre el reformismo colaboracionista de la dirección oficial cenetista o las radicales críticas revolucionarias de Los Amigos de Durruti. Ya hemos visto que en Francia ello supuso la expulsión, en el congreso de la UA, del sector crítico formado entre otros por Ridel y Carpentier; en el Reino Unido el proceso condujo a la escisión del sector anarquista en el seno del APCF, para formar la Glasgow Annarchist-Communist Federation.

En ambos países André Prudhommeaux actuó como avalador y difusor de los críticos análisis de Los Amigos de Durruti. Fue André Prudhommeaux[12] quien envió ejemplares de El Amigo del Pueblo a "Chazé"[13], que los tradujo y publicó en el órgano del grupo Union Communiste, titulado *L'Internationale* (que publicó además textos de Josep Rebull, que animaba una posición de izquierda en el seno del POUM). También fue, probablemente, André Prudhommeaux quien envió a su amiga Ethel MacDonald[14] el texto de Los Amigos de Durruti que se publicó en *Solidarity*.

REFLEXIONES DE BALIUS DESDE EL EXILIO, EN 1939

Balius publicó, ya en el exilio, dos artículos en la revista anarquista francesa *L'Espagne nouvelle*[15]. El primero de ellos conmemoraba el tercer aniversario del 19 de julio y el segundo, estaba dedicado a Mayo del 37.

Ambos artículos eran fruto de una larga y madura reflexión de Balius, que firmaba ambos artículos como "secretario de Los Amigos de Durruti".

Destacan estos dos artículos por la precisión de las expresiones utilizadas y por su enfoque centrado en los problemas fundamentales planteados por la revolución española. Se nos presenta de este modo con suma claridad el pensamiento de Balius sobre la cuestión del poder, la función imprescindible de una dirección revolucionaria, y la necesidad de destruir el Estado e implantar en su lugar de una nueva estructura (en escritos anteriores se trataba de una junta revolucionaria) capaz de reprimir las fuerzas contrarrevolucionarias.

En el artículo titulado "Julio de 1936: significado y posibilidades" salía al paso de quienes afirmaban que las jornadas de julio fueron sólo resultado de la lucha contra el alzamiento de los militares y los fascistas, es decir que "sin rebelión militar no hubiera habido movimiento popular armado". Balius por el contrario afirmaba que tal concepción era de carácter frentepopulista, fruto de la subordinación de la clase obrera a la burguesía republicana, que fue la causa principal de la derrota del proletariado. Balius constataba el rechazo de la burguesía republicana al armamento de los trabajadores para enfrentarse al alzamiento fascista:

"En la misma Barcelona tuvimos que sufrir el asalto al

Sindicato del Transporte por los esbirros de la Generalidad, que algunas horas antes de la batalla decisiva, todavía nos querían quitar los fusiles que habíamos tomado a bordo del Manuel Arnús, y que nos iban a servir para luchar contra los fascistas."

Según Balius la victoria sobre los militares se produjo sólo en los lugares donde los obreros se enfrentaron decididamente, con las armas en la mano, y sin pactos de ningún tipo con la pequeña burguesía, a los fascistas. Allí donde, como en Zaragoza, los obreros dudaron, o pactaron, se produjo el triunfo de los fascistas.

El problema más importante que se planteó en julio del 36 no fue, para Balius, el del triunfo de los militares en algunas zonas de España. El problema más importante se había planteado en la zona republicana: ¿quién tomaba el poder?, ¿quién dirigía la guerra? Sólo había dos respuestas: la burguesía republicana o el proletariado:

"Pero el problema más importante se planteaba en nuestra zona. Se trataba de decidir quién había vencido. ¿Eran los trabajadores? En ese caso, la dirección del país nos pertenecía. ¿Pero y la pequeña burguesía? Ese fue el error."

Balius afirmó que la clase obrera, pese a todo, debería

haber tomado el poder en julio del 36. Y esa hubiera sido la única garantía y la única posibilidad de ganar la guerra:

"La CNT y la FAI, que en Cataluña eran el alma del movimiento, habrían podido dar a las jornadas de Julio su verdadero color. ¿Quién hubiera podido oponerse? En lugar de eso, permitimos al partido comunista (PSUC) reagrupar a los oportunistas, la derecha burguesa, etc.... en el terreno de la contrarrevolución.

En tales momentos, le corresponde a una organización tomar la dirección. Sólo una podía hacerlo: <u>la nuestra</u>.

[...] Si los trabajadores hubieran sabido ser los amos de la España antifascista, la guerra habría sido ganada, y la revolución no habría sufrido desde el principio tantas desviaciones. Podíamos haber ganado. Pero lo que supimos ganar con cuatro pistolas, lo perdimos cuando teníamos arsenales llenos de armas. Los culpables de la derrota, hay que buscarlos más allá de los asesinos a sueldo del estalinismo, más allá de los ladrones tipo Prieto, más allá de canallas como Negrín, y más allá de los reformistas de costumbre; <u>nosotros fuimos los culpables</u> por no haber sabido acabar con toda esa canalla [...] Pero si todos somos solidariamente culpables, hay quienes tienen una carga particularmente cargada de responsabilidades. Esos son los dirigentes de la CNT-FAI cuya actitud reformista en Julio, y, sobre todo, su intervención contrarrevolucionaria en Mayo del 37, han cerrado la vía a la clase obrera y asestado el golpe mortal a la revolución."

Balius resolvía de este modo las mil dudas y objeciones que se plantearon los dirigentes anarcosindicalistas en julio del 36, sobre el carácter minoritario de la presencia anarquista fuera de Cataluña, sobre la necesidad de mantener la unidad antifascista, sobre las constantes renuncias que la guerra imponía a la revolución. Balius afirmaba que la victoria de los anarquistas en Cataluña podría haber conducido a un rápido aplastamiento del levantamiento fascista en toda España, SI EL PROLETARIADO HUBIERA TOMADO EL PODER. Según Balius, ese fue el error cometido en julio de 1936: no tomar el poder. Y de ese error nació la rápida degeneración y las dificultades de la revolución. A causa de ese error fue posible el auge de la contrarrevolución, de la que fue artífice principal el estalinismo. Pero Balius apuntaba que no cabe cargar las culpas a los estalinistas y a la burguesía republicana, sino a aquellos dirigentes anarquistas que renunciaron a la revolución proletaria en favor de la unidad antifascista, es decir, de la colaboración con la burguesía, el Estado y las instituciones capitalistas.

En el artículo dedicado a Los Hechos de Mayo en Barcelona, titulado "Mayo de 1937; fecha histórica del proletariado", Balius calificaba los dos años posteriores a Mayo del 37 como mera consecuencia de esas jornadas revolucionarias. Según Balius Mayo del 37 no fue una protesta, sino una insurrección revolucionaria consciente del proletariado catalán, que obtuvo una victoria militar y un fracaso político.

"Pero aquí se manifestó la traición del ala reformista de la CNT-FAI. Repitiendo el abandono efectuado en las jornadas de julio se sitúan de nuevo al lado de los demócratas burgueses. Dan la orden de alto el fuego. El proletariado se resiste a seguir esta consigna y con rabiosa indignación, pasando por encima de la orden de los timoratos dirigentes, continúa defendiendo sus posiciones."

Balius presentaba del siguiente modo el papel jugado en mayo por Los Amigos de Durruti:

"Nosotros, Los Amigos de Durruti, que nos batimos en primera línea, quisimos impedir el desastre que no habría dejado de abatirse sobre el pueblo, si hubiera depuesto las armas. Lanzamos la consigna de reanudar el fuego y de no volver a interrumpir la lucha sin imponer condiciones.

Desgraciadamente el espíritu ofensivo ya había sido roto, y la lucha fue liquidada sin haber alcanzado sus objetivos revolucionarios."

Balius subrayaba con gran fuerza expresiva la paradoja del triunfo militar del proletariado y de su derrota política:

"En la historia de todas las luchas sociales era la primera vez que los vencedores se rendían a los vencidos. Y sin siquiera conservar la menor garantía de que sería respetada la vanguardia del proletariado, se procedió a la demolición de las barricadas: la ciudad de Barcelona recobró su aspecto habitual como si nada hubiera ocurrido."

Balius, abandonada ya la fase de insultar a los dirigentes de traidores, que no explicaba nada, analizaba las jornadas de mayo como una encrucijada entre dos caminos: o se renunciaba definitivamente a la revolución o se tomaba el poder. Y explicaba el constante retroceso de los anarquistas, desde julio, como fruto de la funesta política frentepopulista de alianza con la burguesía republicana. Y también como consecuencia del divorcio existente, en el seno de la CNT, entre una dirección contrarrevolucionaria y una base revolucionaria. Mayo del 37 fracasó PORQUE LOS TRABAJADORES NO ENCONTRARON UNA DIRECCIÓN REVOLUCIONARIA:

"El proletariado se encontraba en un cruce de caminos decisivo. Sólo cabía escoger entre dos vías: o bien someterse a la contrarrevolución, o bien disponerse a imponer el propio poder, que era el Poder proletario.

El drama de la clase obrera española se caracteriza por el divorcio más absoluto entre la base y los dirigentes. La dirección fue siempre contrarrevolucionaria. Por el contrario, los trabajadores españoles [...] se han situado siempre muy por encima de sus dirigentes en lo que concierne a la visión de los acontecimientos y a su interpretación. Si esos heroicos trabajadores hubieran encontrado una dirección revolucionaria, habrían escrito ante el mundo entero una de las páginas más importantes de su historia."

Según Balius en mayo del 37 el proletariado catalán HABÍA EMPLAZADO A LA CNT A TOMAR EL PODER:

"el aspecto primordial de los Hechos de Mayo hay

que buscarlo en la inquebrantable decisión del proletariado de situar una dirección obrera a la cabeza de la lucha armada, de la economía, y de toda la existencia del país. Es decir (para todo anarquista que no tenga miedo a las palabras) que el proletariado luchaba por la toma del poder que se habría realizado destruyendo los viejos instrumentos burgueses y edificando, en su lugar, una nueva estructura basada en los comités surgidos en julio, y pronto suprimidos por la reacción y los reformistas".

En estos dos artículos Balius había planteado la cuestión fundamental de la revolución y la guerra civil española, sin la cual es imposible comprender lo acontecido: la cuestión del poder. Y señalaba además los órganos que debían encarnar ese poder, y sobre todo reconocía la necesidad de destruir el aparato estatal capitalista para reconstruir uno proletario en su lugar. Por otra parte, Balius señalaba como causa del fracaso de la revolución española la ausencia de una dirección revolucionaria.

Hay que reconocer, tras la lectura de estos dos artículos, que la evolución del pensamiento político de Balius, basado en el análisis de las ricas experiencias desarrolladas durante la guerra civil, le ha conducido a plantearse cuestiones tabúes en la ideología anarquista:

1. la necesidad de la toma del poder por el proletaria-

do;

2. la ineludible destrucción del aparato estatal capitalista para construir otro, proletario;

3. el papel imprescindible de una dirección revolucionaria.

Las afirmaciones anteriores no excluyen la existencia de otros aspectos del pensamiento de Balius, quizás secundarios, y que no son tratados en estos artículos, que siguen siendo fieles a la tradicional ideología anarcosindicalista:

1. la dirección de la economía por los sindicatos;
2.-los comités como órganos del poder proletario;
3.-la municipalización de la administración, etcétera.

Es indudable que Balius, desde las bases ideológicas del anarcosindicalismo español, había realizado un enorme esfuerzo para asimilar las brutales experiencias de la guerra civil y la revolución española. El mérito de la Agrupación radica precisamente en ese esfuerzo por comprender la realidad y asimilar las experiencias vividas por el proletariado español. Era más cómodo ser un ministro anarquista que un anarquista revolucionario. Era más sencillo renunciar a la propia ideología, es decir, renunciar a los principios "de momento", en el momento de la verdad, para retomarlos cuando la derrota y la historia hicieran irrelevante las contradicciones. Ahí estaban Federica Montseny o Abad de Santillán, entre tantos otros. Era más fácil propugnar la unidad antifascista, la participación en las tareas de gobierno de un Estado capitalista, la militarización para someterse a una guerra dirigida por la burguesía republicana; que enfrentarse a las contradicciones, y afirmar que la CNT debía tomar el poder, que la guerra sólo podía ganarse si era el proletariado quien la dirigía, que era necesario destruir el Estado capitalista, y sobre todo que era necesario que el proletariado levantara unas estructuras de poder propias, que usara la fuerza para reprimir la contrarrevolución, y que todo esto era imposible hacerlo sin una dirección revolucionaria. QUE ESTAS CONCLUSIONES FUERAN O NO ANARQUISTAS LE IMPORTABA MUCHO A QUIENES NO SE PREGUNTABAN SI ERA ANARQUISTA APUNTALAR AL ESTADO CAPITALISTA.

La ideología anarcosindicalista fue sometida desde 1936 hasta 1939 a una serie de fortísimas pruebas sobre su capacidad, coherencia y validez. El pensamiento de Balius, y de la Agrupación de Los Amigos de Durruti, fue el único intento teórico válido[16] de un grupo anarquista español por resolver las contradicciones y la dejación de principios que caracterizaron a la CNT y la FAI. Si el esfuerzo teórico de Balius y la Agrupación los llevó a abrazar unas conclusiones que cabe calificar como ajenas al anarcosindicalismo, quizás sería necesario aceptar la incapacidad del anarquismo como teoría revolucionaria del proletariado. Balius y la Agrupación no dieron nunca ese paso, y se consideraron siempre anarquistas, aunque defendiendo sus críticas al colaboracionismo estatal de la CNT y oponiéndose siempre al intento de expulsión impulsado por la dirección cenetista. Evitaron a toda costa salir de la CNT.

No nos atrevemos a calificar de coherente o contradictoria tal posición. La represión estalinista que se abatió sobre todos los revolucionarios, después de las jornadas de mayo, no se cebó en la Agrupación como tal, aunque su local social fue clausurado por la policía y su prensa se editó clandestinamente, sino que se generalizó a todos los militantes cenetistas revolucionarios[17]. Ello contribuyó, sin duda, a impedir una mayor clarificación teórica y una ruptura organizativa, que de todas formas no creemos que nunca se hubiera producido.

Sin embargo, reconocemos que nuestro análisis es demasiado político, sutil, incómodo y problemático: es mucho más cómodo, arbitrario, académico y propio de las historietas y cómics al uso, recurrir al "deus ex maquina" del entrismo y la influencia trotskista en Balius y Los Amigos de Durruti. También resulta muy sencillo y cómodo acusar a los dirigentes de traidores, y a la masa cenetista de memos, incapaces de oponerse a esa traición, "que lo explica todo". Ridel supo exponer su desencanto en un artículo titulado "Pour repartir" ("Para empezar de nuevo") que resume de forma excelente sus críticas al anarquismo oficial y sus posiciones revolucionarias, que publicó en "L'Espagne indompté", número triple de *L'Espagne nouvelle* (números 67- 69 de julio a septiembre de 1939).

Era el inicio de una prometedora reflexión y un fructífero balance de las causas de la derrota de los revolucionarios en la guerra de España, que Ridel constataba ya en el artículo citado, no podría ser realizada por aquellos dirigentes que habían demostrado no tener principios, sino por los combatientes de base. La movilización militar que siguió a la declaración de guerra, y algunos meses después la invasión nazi de Francia, desparramó por todo el mundo a unos exiliados sin medios ni recursos para difundir o proseguir su balance de la derrota. Y los aparatos que la provocaron no iban a hacerlo jamás.

Por eso son importantes esos artículos publicados en *Revision* o *L'Espagne indompté*, tanto por Jaime Balius, como por Charles Ridel o André Prudhommeaux. Son el único esbozo de balance de la derrota que los revolucionarios anarquistas intentaron hacer, durante esos pocos meses que transcurrieron entre el fin de la Guerra civil española y el inicio de la Segunda carnicería mundial. Luego nadie intentó ya ese balance18.

Agustín Guillamón

10
COMBATE POR LA HISTORIA

SER Y CONCIENCIA

El ser precede a la conciencia. Dicho de otra forma, la conciencia es un atributo del ser. Sin una teorización de las experiencias históricas del proletariado no existe teoría revolucionaria, ni avance teórico. Entre la teoría y la práctica puede existir un lapsus de tiempo, más o menos largo, en el que el arma de la crítica se transforma en la crítica de las armas. Cuando un movimiento revolucionario hace su aparición en la historia rompe con todas las teorías muertas, y suena la hora anhelada de la acción revolucionaria, que por sí misma vale más que cualquier texto teórico, porque pone al descubierto sus errores e insuficiencias. Esa experiencia práctica, vivida colectivamente, hace estallar las inútiles barreras y los torpes límites, fijados durante los largos períodos contrarrevolucionarios. Las teorías revolucionarias prueban su validez en el laboratorio histórico.

Conocer, divulgar y profundizar en el conocimiento de la historia revolucionaria, negando las falacias y deformaciones esculpidas o escupidas por la "sagrada" historiografía burguesa, desvelando la auténtica historia de la lucha de clases, escrita desde el punto de vista del proletariado revolucionario, es ya, en sí mismo, un combate por la historia, por la historia revolucionaria. Combate que forma parte de las luchas de clases, como cualquier huelga salvaje, la ocupación de fábricas, una insurrección revolucionaria, "La conquista del pan" o "El Capital". La clase obrera, para apropiarse de su pasado, ha de combatir las visiones socialdemócratas, neoestalinistas, catalanistas, liberales y neofranquistas. El combate proletario por conocer su propia historia es un combate, entre otros muchos más, de la guerra de clases en curso. No es puramente teórico, ni abstracto o banal, porque forma parte de la propia conciencia de clase, y se define como teorización de las experiencias históricas del proletariado internacional, y en España debe comprender, asimilar y apropiarse, inexcusablemente, las experiencias del movimiento anarcosindicalista en los años treinta.

Las fronteras de clase profundizan un abismo entre revolucionarios y reformistas, entre anticapitalistas o defensores del capitalismo. Quienes levantan la bandera nacionalista, sentencian la desaparición del proletariado o defienden el carácter eterno del Capital y del Estado están al otro lado de la barricada, se digan anarquistas o se llamen marxistas. La alternativa se da entre los revolucionarios, que quieren suprimir todas las fronteras, arriar todas las banderas, disolver todos los ejércitos y policías, destruir todos los Estados; romper con cualquier totalitarismo o mesianismo mediante prácticas asamblearias y de autoemancipación; terminar con el trabajo asalariado, la plusvalía y la explotación del hombre en todo el mundo; atajar las amenazas de destrucción nuclear, defender los recursos naturales para las futuras generaciones..., y los conservadores del orden establecido, guardianes y voz de su amo, que defienden el capitalismo y sus lacras.

REVOLUCIÓN O BARBARIE

El proletariado es arrojado a la lucha de clases por su propia naturaleza de clase asalariada y explotada, sin necesidad que nadie le enseñe nada; lucha porque necesita sobrevivir. Cuando el proletariado se constituye en clase revolucionaria consciente, enfrentada al partido del capital, necesita asimilar las experiencias de la lucha de clases, apoyarse en las conquistas históricas, tanto teóricas como prácticas, y superar los inevitables errores, corregir críticamente los fallos cometidos, reforzar sus posiciones políticas por medio de la toma de conciencia de sus insuficiencias o lagunas y completar su programa; en fin, resolver los problemas no resueltos en su momento:

aprender las lecciones que nos da la propia historia. Y ese aprendizaje sólo puede hacerse en la práctica de la lucha de clases de los distintos grupos de afinidad revolucionarios y de las diversas organizaciones del proletariado.

No existe una lucha económica y una lucha política separadas, en departamentos estancos. Toda lucha económica es, a la vez, en la sociedad capitalista actual, una lucha política, y al mismo tiempo una lucha por la identidad de clase. Tanto la crítica de la economía política, como la crítica de la historia oficial, el análisis crítico del presente o del pasado, el sabotaje, la organización de un grupo revolucionario, el ciego estallido de un motín, o una huelga salvaje, son combates de la misma guerra de clases.

La vida de un individuo es demasiado breve para penetrar profundamente en el conocimiento del pasado, o para ahondar en la teoría revolucionaria, sin una actividad colectiva e internacional que le permita hacerse con la experiencia de las generaciones pasadas, y a su vez le permita servir de puente y acicate a las generaciones futuras.

¡La memoria histórica es un campo de batalla de la lucha de clases!

Agustín Guillamón
Barcelona, marzo de 2023

11
ONCE TESIS CLASISTAS SOBRE LA REVOLUCIÓN Y LA CONTRARREVOLUCIÓN EN CATALUÑA (1936-1938). POR UNA TEORÍA ÁCRATA DE LAS REVOLUCIONES, DESDE UN ANÁLISIS MATERIALISTA DE LOS HECHOS HISTÓRICOS

Charla de Agustín Guillamón, el 17 de mayo de 2024, en el Ateneo La Idea de Madrid

INTRODUCCIÓN

El combate de los trabajadores por conocer su propia historia no es puramente teórico, ni abstracto o banal, porque forma parte de la propia conciencia de clase, y se define como teorización de las experiencias históricas del proletariado internacional, y en España debe comprender, asimilar y apropiarse, inexcusablemente, las experiencias del movimiento anarcosindicalista en los años treinta.

Si las doctrinas, los mitos, los prejuicios ideológicos o los textos sagrados chocan con la realidad social e histórica, lo que debe modificarse son esas falsas ilusiones y espejismos; no la interpretación de la realidad.

Estas once tesis teorizan las experiencias del proletariado en la revolución de 1936 y 1937.

TESIS NÚMERO 1

Del 17 al 19 de julio de 1936 se produjo un alzamiento militar contra el gobierno de la República, impulsado por la Iglesia Católica, la mayoría del Ejército, fascistas, burguesía, terratenientes y derechistas. La preparación de ese golpe de estado había sido tolerada por el gobierno republicano, que había ganado las elecciones de febrero de 1936 gracias a la coalición de Frente Popular.

Los democráticos partidos parlamentarios REPUBLICANOS o monárquicos, de izquierda y de derecha, hicieron la política que más convenía a la burguesía española, y a su preparación de un cruento golpe de Estado.

El alzamiento militar fracasó en las principales ciudades y provocó, como reacción (en la zona republicana), un movimiento revolucionario, victorioso en su insurrección armada contra el ejército. En esa victoria insurreccional jugaron un papel preponderante, en Cataluña, los Cuadros y Comités de Defensa de la CNT-FAI, que habían sido preparados desde 1931. NO FUE UNA INSURRECCIÓN ESPONTÁNEA...

Los comités revolucionarios, que Munis teorizó como comités-gobierno, ejercieron en muchos lugares todo el poder a nivel local, pero no existió ninguna coordinación ni centralización de esos comités locales: hubo UN VACÍO DE PODER CENTRAL O ESTATAL. NI EL ESTADO REPUBLICANO, NI LOS GOBIERNOS REGIONALES AUTÓNOMOS (como el de la Generalidad) EJERCIERON UN PODER CENTRAL, pero tampoco lo ejercieron esos comités locales.

Podía hablarse de una ATOMIZACIÓN DEL PODER

TESIS NÚMERO 2

Los comités revolucionarios: de defensa, de fábrica, de barrio, de control obrero, locales, de defensa, de abastos, etcétera, fueron el embrión de los órganos de poder de la clase obrera. Iniciaron una metódica expropiación de las propiedades de la burguesía, pusieron en marcha la colectivización industrial y campesina, organizaron las milicias populares que definieron los frentes militares en los primeros días, organizaron patrullas de control que impusieron el nuevo "orden revolucionario" mediante la represión violenta de la Iglesia, patronos, fascistas y antiguos sindicalistas y pistoleros del Libre. Pero fueron incapaces de coordinarse entre sí y crear un poder obrero centralizado. Los comités revolucionarios desbordaron con sus iniciativas y sus acciones a los dirigentes de las distintas organizaciones tradicionales del movimiento obrero, incluida la CNT y la FAI. Había una revolución en la calle y en las fábricas, y unos POTENCIALES órganos de poder del proletariado revolucionario: LOS COMITÉS, que ninguna organización o vanguardia supo o quiso COORDINAR, POTENCIAR y TRANSFORMAR EN AUTENTICOS ÓRGANOS DE PODER OBRERO.

Los comités superiores optaron por la colaboración con el Estado burgués para ganar la guerra al fascismo. La consigna de García Oliver, el 21 de julio, de "ir a por el todo" no era más que una propuesta leninista de toma del poder por la burocracia cenetista; que además el propio García Oliver sabía que la hacía inviable y absurda, cuando en el pleno cenetista se planteó una falsa alternativa entre "dictadura anarquista" o colaboración antifascista. Esta falsa opción "extremista" de García Oliver, la temerosa advertencia de Abad de Santillán y Federica Montseny del peligro de aislamiento y de intervención extranjera, y la opción de Durruti de esperar a la toma de Zaragoza, decidieron que el pleno optara por una colaboración antifascista "provisional". Nunca se planteó la alternativa revolucionaria de destruir el Estado republicano y convertir los comités en órganos de un poder obrero y las Milicias en el ejército del proletariado.

No puede hablarse de situación de doble poder entre el Comité Central de Milicias Antifascistas (CCMA) y el gobierno de la Generalidad, en ningún momento, porque en ningún momento existió un polo de centralización del poder obrero; pero sí que puede hablarse de una posibilidad, fracasada ya en las primeras semanas posteriores al 19 de julio, de establecer una situación de doble poder entre esos comités revolucionarios y el CCMA. Algunos comités sindicales, locales y de barriada expresaron desde el principio su desconfianza y temores frente al CCMA, porque intuían el papel contrarrevolucionario que podía desempeñar.

Son muchos los protagonistas, y también los historiadores, que hablan de una situación de doble poder entre el CCMA y el gobierno de la Generalidad. Sin embargo, es un profundo error creer que el CCMA fue otra cosa que un pacto antifascista de las organizaciones obreras con las organizaciones burguesas y las instituciones del Estado, esto es, un organismo de colaboración de clases,

Los dirigentes de la CNT desconfiaban de los comités revolucionarios, porque no entraban en sus esquemas organizativos y doctrinales, y al mismo tiempo, como burocracia, se sentían desbordados y amenazados por sus realizaciones.

TESIS NÚMERO 3

Durante todo un mes, desde el 21 de julio hasta el 21 de agosto de 1936, "los notables" anarquistas y anarcosindicalistas divagaron sobre el dilema de acabar con el CCMA, sin entrar en el gobierno de la Generalidad, o conservarlo. Existían dos modalidades básicas: la primera consistía en crear comisiones técnicas en las distintas consejerías (o ministerios de la Generalidad) como fórmula para controlar, sin participar en el gobierno: era el ejemplo de la Comisión de Industrias de guerra o el Consejo de Economía; la segunda era hacerlo desde los "organismos revolucionarios", apoyando formalmente los poderes legales, pero sosteniendo un poder "revolucionario" que diera una posición real de fuerza a los cenetistas: era el ejemplo de las Patrullas de Control y del comité de investigación del CCMA, coordinados por Manuel Escorza desde el Servicio de Información e Investigación de la CNT-FAI, que dependía exclusivamente del Comité Regional de la CNT y del Comité Peninsular de la FAI.

Existían tres instituciones fundamentales de participación cenetista en el aparato estatal: el CCMA, el Consejo de Economía y el Comité de Abastos. El CCMA fue un gobierno de colaboración de clases, constituido por todas las organizaciones antifascistas catalanas, que ayudó a la reconstrucción del aparato estatal de la Generalidad y preparó la entrada de los anarquistas en un gobierno de unidad antifascista. Tras nueve semanas y media de vigencia se disolvió el 1 de octubre de 1936, tras la entrada de tres consellers anarquistas en el gobierno de la Generalidad formado el 26 de setiembre, bajo la presidencia de Tarradellas como conseller primer.

La transformación de los comités de defensa en comités revolucionarios de barrio y locales, que tendían a sustituir al Estado, gestionando y asumiendo todas sus funciones, unidos al amplio y profundo proceso de expropiación espontánea de las fábricas por los sindicatos de industria, desarrollaron una de las revoluciones sociales y económicas más profundas de la historia.

Pero los comités superiores cenetistas, organizados en un elitista, ejecutivo y autoritario Comité de comités que, mediante su colaboración política en un gobierno de unidad antifascista, sostuvo y fortaleció el poder del Estado capitalista, no lideraron ni coordinaron esa revolución de la militancia de base en la calle y las fábricas, sino que se convirtieron en un partido antifascista más, aliado al resto de partidos antifascistas, desde estalinistas, nacionalistas y poumistas a republicanos y gobierno de la Generalidad, sin más objetivo que la victoria en la guerra contra el fascismo, aunque ello supusiera la renuncia a cualquier "conquista revolucionaria" y a los propios principios ácratas.

Hubo, pues, una divergencia y separación real entre el Comité de comités y la revolución social y económica protagonizada en las calles por los comités revolucionarios y los sindicatos.

Ese antagonismo de clase entre CCMA y comités revolucionarios de julio de 1936 derivó en el seno de la Organización CNT-FAI en una oposición que, en diciembre de 1936, enfrentó al Comité de comités con los comités de barrio barceloneses, cuando estos se negaron a entregar sus armas para enviarlas al frente, argumentando que esas armas eran la única garantía de la revolución en curso, y que si se necesitaban armas para el frente, ahí, en la retaguardia barcelonesa, tenían acuartelados y armados a los guardias de asalto y a la guardia civil. Que los comités revolucionarios de barrio jamás entregarían las armas conquistadas al ejército en las luchas callejeras.

TESIS NÚMERO **4**

Sin destrucción del Estado no puede hablarse de revolución proletaria. Puede hablarse de una situación revolucionaria, de movimiento revolucionario, de insurrección triunfante, de pérdida "parcial" o "provisional" de funciones del Estado burgués, de caos político, de pérdida de autoridad real por parte de la administración republicana, de VACÍO DE PODER CENTRALIZADO y atomización del poder, pero no de revolución proletaria.

La SITUACIÓN revolucionaria de julio de 1936 no planteó nunca la implantación de un poder obrero antagónico al Estado republicano: no hubo pues una revolución proletaria, si hablamos con rigor y en sentido estricto. Y, en ausencia de revolución proletaria, la situación revolucionaria evolucionó rápidamente hacia la consolidación del Estado republicano, el debilitamiento de las fuerzas revolucionarias y el triunfo definitivo de la contrarrevolución tras las Jornadas de Mayo de 1937, con la ilegalización y persecución política del POUM en junio de 1937, así como la clandestinidad de los Amigos de Durruti, de diversos grupos ácratas y de comités de defensa, como el que editó el periódico Alerta, entre octubre y diciembre de 1937.

La participación de la CNT (y también del POUM y la FAI) en las instituciones burguesas, con su correspondiente oferta de cargos públicos, unida a un masivo proceso de afiliación sindical, paralelo a la marcha al frente de los mejores militantes, los más bregados en la lucha social y los de formación teórica más avanzada, favoreció un rápido proceso de burocratización de la CNT.

En la primavera de 1937, los militantes revolucionarios se encontraron aislados en las asambleas y en una situación minoritaria absolutamente insuperable. Los principios fundamentales del anarcosindicalismo quebraron y cedieron el paso a un oportunismo enmascarado por la ideología de unidad antifascista ("renunciar a la revolución para ganar la guerra") y el pragmatismo de la fiel y leal colaboración con los partidos y el gobierno de la burguesía republicana, con el objetivo exclusivo de defender la democracia capitalista y la República burguesa. LA BUROCRACIA SINDICAL CENETISTA DEMOSTRÓ EN MAYO DE 1937 SU CARÁCTER CONTRARREVOLUCIONARIO. La lucha contra el fascismo era la excusa que permitía renunciar a la destrucción del Estado burgués republicano, defendido por las fuerzas contrarrevolucionarias del PSUC y ERC. Era inevitable el enfrentamiento del proletariado revolucionario con la burocracia cenetista, que estaba ya en el campo contrarrevolucionario.

TESIS NÚMERO 5

[Es la tesis más breve, pero absolutamente CLAVE]

Frente a la alternativa entre capitalismo o revolución anticapitalista, la ideología burguesa, en la España de los años treinta, siempre opuso falsas opciones burguesas, que negaran al proletariado la posibilidad y existencia de una alternativa revolucionaria:

En 1931 ofreció la opción entre monarquía o república. En 1934 planteó la opción entre derecha o izquierda. En 1936 impuso la opción entre fascismo o antifascismo.

La aceptación por el proletariado de la ideología antifascista suponía defender la democracia capitalista, renunciando a afirmarse como clase revolucionaria.

La opción burguesa entre fascismo o antifascismo no sólo era falsa, sino que suponía, además, la derrota de la alternativa revolucionaria y anticapitalista.

Sólo algunas minorías, sin apenas influencia, se atrevieron a denunciar el antifascismo como ideología burguesa y contrarrevolucionaria.

TESIS NÚMERO 6

Las colectivizaciones no podían tener ningún desarrollo futuro, si el Estado capitalista no era destruido. De hecho, las colectivizaciones acabaron sirviendo las necesidades imperiosas de una economía de guerra. Las situaciones evolucionaron de forma muy variada, rápida e inestable, desde la expropiación revolucionaria de las fábricas a la burguesía, en julio de 1936, hasta la militarización de la industria y del trabajo, predominante en 1938. Era y es imposible separar la revolución política de la revolución social y económica. Las revoluciones, como concluyeron Los Amigos de Durruti, son siempre TOTALITARIAS, en el doble significado de la palabra: total y autoritaria. NO HAY NADA MÁS AUTORITARIO QUE UNA REVOLUCIÓN: expropiar una fábrica a sus dueños, o un latifundio a su propietario o bien ocupar un cuartel, una iglesia o una gran mansión será siempre una imposición autoritaria. Y sólo puede hacerse cuando los cuerpos represivos de la burguesía, ejército y policía, han sido derrotados por un ejército revolucionario que impone AUTORITARIAMENTE la nueva legalidad revolucionaria. El anarcosindicalismo y el POUM, por incapacidad teórica los primeros y por debilidad numérica, verbalismo, seguidismo y falta de audacia, los segundos, no plantearon nunca la cuestión del poder, que abandonaron en las manos de los políticos profesionales de la burguesía republicana y de los socialistas: Azaña, Giral, Prieto, Largo Caballero, Companys, Tarradellas, Negrín..., o que compartieron con ellos, cuando su participación era necesaria para cerrar el paso a una alternativa revolucionaria.

En el campo económico el mito historiográfico englobado en el concepto genérico de "COLECTIVIZACION" conoció (en Cataluña) cuatro etapas:

1.- La incautación obrera (julio a septiembre 1936).

2.- La adaptación de las incautaciones al Decreto de Colectivizaciones (octubre a diciembre de 1936).

3.- La lucha de la Generalidad por dirigir la economía y controlar las colectivizaciones, enfrentada al intento de socialización de la economía, impulsado por el sector radical de la militancia cenetista (enero a mayo de 1937).

4.- El progresivo intervencionismo y la centralización estatal (del gobierno central) impusieron una economía de guerra y la MILITARIZACION del trabajo (junio de 1937 a enero de 1939).

Los comités revolucionarios se convirtieron rápidamente en comités antifascistas, en comités de gestión sindical de las empresas, o bien sufrieron una prolongada hibernación (como los comités de defensa confederales) o fueron transformados en organismos del Estado.

La ambigüedad y ambivalencia de las Patrullas de control, de las colectivizaciones, de las Milicias, de los comités de defensa, y en definitiva de la "Revolución del 19 de Julio", era consecuencia directa de la propia ambigüedad y ambivalencia de las organizaciones de extrema izquierda del Frente Popular (CNT y POUM). Eran ambiguas porque el CCMA era fruto de la victoria insurreccional PROLETARIA del 19 de julio, pero también del fracaso político del 21 de julio, CUANDO SE ACEPTÓ LA COLABORACIÓN DE CLASES.

TESIS NÚMERO 7

Mayo del 37 fue la derrota armada del proletariado revolucionario más avanzado que necesitaba la contrarrevolución para pasar a la contraofensiva. Las causas de mayo radican en el encarecimiento de la vida, la escasez de subsistencias, la resistencia a la disolución de las patrullas de control y la militarización de las milicias, y el constante forcejeo de los obreros en las empresas colectivizadas por conservar el control de la producción, frente al creciente intervencionismo de la Generalidad, propiciado por la aplicación de los decretos de S'Agaró. No en vano las jornadas de mayo se iniciaron en una empresa colectivizada, la Telefónica, por la oposición armada de los trabajadores cenetistas de base frente a su ocupación por las fuerzas represivas de la Generalidad. La rápida extensión de la lucha a toda la ciudad de Barcelona fue obra de los comités de defensa y de los comités de barriada, enlazados telefónicamente, que actuaron al margen de los comités superiores de la CNT, desbordándolos.

En un lado de la barricada estaban las fuerzas del orden público, los estalinistas del PSUC, ERC, Estat Català y las Milicias Pirenaicas catalanistas, todos ellos en teoría al servicio del gobierno de la Generalidad. En el otro lado de la barricada estaban los obreros cenetistas y el POUM. Sólo los anarquistas de la Agrupación de Los Amigos de Durruti y los trotskistas de la Sección Bolchevique-Leninista intentaron dar unos objetivos revolucionarios a la lucha de las barricadas.

Pero la militancia cenetista no pudo ni supo actuar contra las consignas COLABORACIONISTAS lanzadas por los dirigentes y los comités superiores de la CNT. Llegó a dispararse a los aparatos de radio que trasmitían los discursos de conciliación de García Oliver y Federica Montseny, pero al fin se acataron sus consignas. Los Amigos de Durruti calificaron de "enorme traición" la actividad de esos dirigentes y comités superiores.

Después de mayo de 1937 fracasaron los intentos de expulsión de los Amigos de Durruti POR PARTE DE LOS COMITÉS SUPERIORES DE LA BUROCRATIZADA CNT, ya que no fue ratificada por ninguna asamblea de sindicatos. Sin embargo, no se produjo una escisión capaz de clarificar las posiciones encontradas e inconciliables en el seno de la CNT.

TESIS NÚMERO 8

La institucionalización de la CNT tuvo importantes consecuencias, inevitables, en la propia naturaleza organizativa e ideológica de la CNT.

El ingreso de los militantes más destacados en los distintos niveles de la administración estatal, desde ayuntamientos hasta los Ministerios del gobierno de la República, pasando por las Consejerías de la Generalidad o de instituciones "revolucionarias" nuevas, más o menos autónomas, como el CCMA, el CC de Abastos y el Consejo de Economía crearon nuevas funciones y necesidades, que debían ser cubiertas por un número limitado de militantes capacitados para desempeñar tales cargos de responsabilidad.

El nombramiento de esos militantes con cargos, además de su asesoramiento y control, fue realizado por unos comités superiores, que a su vez generaban otros cargos internos de responsabilidad en el seno de la Organización.

Los comités superiores, estaban formados por el CR, la Federación Local de Sindicatos, el CP, el CR de la FAI, la Federación Local de GGAA de Barcelona, la FIJL, las Juventudes Libertarias de Cataluña, los concejales y consejeros, así como el CN y los ministros cuando podían, y ocasionalmente por los delegados de las Columnas confederales, y determinadas personalidades de prestigio.

Las funciones de dirección y de poder ejercidas por esos comités superiores, que abarcaban una minoría muy limitada de elementos capaces de ejercerlas, crearon una serie de intereses, métodos y objetivos distintos a los de la base militante confederal. De ahí, por una parte, una desmovilización y desencanto generalizado entre los afiliados y la militancia de base, que se enfrentaban al hambre y la represión absolutamente desamparados por los comités superiores. De ahí el surgimiento de una oposición revolucionaria, encarnada fundamentalmente en Los Amigos de Durruti, las Juventudes Libertarias de Cataluña, algunos grupos anarquistas de la Federación Local de GGAA de Barcelona, y sobre todo en los comités de barrio y de defensa de las barriadas barcelonesas.

La excepcionalidad de la situación histórica, así como la urgencia de las decisiones a tomar impidieron un funcionamiento horizontal y asambleario en la CNT catalana. El Comité de comités dirigió la Organización desde el 23 de julio de 1936 hasta junio de 1937. La Comisión Asesora Política (CAP) desde junio de 1937 hasta marzo de 1938. Mientras tanto, en julio de 1937, se produjo la conversión de la FAI en un partido antifascista más, capaz de suministrar y adiestrar burócratas necesarios para asumir cargos de responsabilidad y mando. Finalmente, en un contexto de desbandada y derrumbe de los frentes, el elitista y autoelegido Comité Ejecutivo del Movimiento Libertario de Cataluña dirigió dictatorial y jerárquicamente la Organización desde abril hasta octubre de 1938, sin más horizonte que la militarización del trabajo y de la sociedad, así como de la propia Organización.

La institucionalización de la CNT y la asunción de la ideología de unidad antifascista transformaron a los comités superiores en el peor enemigo de la (minoritaria) oposición revolucionaria cenetista, que estuvo muy cerca de provocar una escisión, que finalmente no se produjo a causa de la eliminación física, encarcelamiento o clandestinidad a que se vio sometida esa oposición por la represión estatal y estalinista. Represión que tuvo un carácter SELECTIVO, ya que estaba dirigida contra la minoría revolucionaria, al mismo tiempo que se intentaba asegurar la integración de los comités superiores en el aparato estatal republicano.

No debe hablarse de una TRAICIÓN DE LOS CO-MITÉS SUPERIORES, que no explica nada, sino de un enfrentamiento DE CLASE entre unos comités superiores que eran ESTADO, y unas minorías revolucionarias reprimidas y perseguidas. No era una traición, era una lucha de clases entre dirigentes y dirigidos, entre gobernantes o aspirantes a serlo y gobernados, entre burócratas y trabajadores.

TESIS NÚMERO 9

La militarización de las Milicias Antifascistas, junto con el decreto de Colectivizaciones y la disolución de los Comités locales marcaron el inicio y el curso de la contrarrevolución burguesa y de su reconquista del aparato estatal, que no había sido destruido.

La militarización de las Milicias, en el frente, no sólo suponía la pérdida de la dirección de la guerra por los obreros y la pérdida de cualquier objetivo revolucionario, sino que conllevaba además la militarización de la retaguardia, esto es, del Orden Público.

Y esa militarización de la retaguardia transformaba todas las relaciones sociales y políticas de poder, porque violencia y poder eran lo mismo.   La militarización del Orden Público implicaba, además, un proceso de creciente desmovilización social, política y revolucionaria de los trabajadores.

En la oposición a la militarización de las Milicias Populares (decretada en octubre de 1936) destacó la cuarta agrupación de Gelsa de la Columna Durruti, que, tras superar un conato de enfrentamiento armado con otras fuerzas de la Columna, partidarias de la militarización, decidió abandonar el frente (en febrero de 1937) y regresar a Barcelona, llevándose las armas. Esos 800 milicianos, junto con otros militantes cenetistas radicales, empeñados en la lucha existente en las empresas por la socialización, fundaron en marzo de 1937 la Agrupación de Los Amigos de Durruti, que llegó a alcanzar de cuatro a cinco mil adherentes y se constituyeron, en Cataluña, en una alternativa revolucionaria a los comités superiores (colaboracionistas) de la CNT-FAI.

De la violencia revolucionaria de los comités, contra la burguesía, curas y fascistas, se pasó a la violencia represiva de las fuerzas burguesas del orden capitalista contra las minorías revolucionarias. Esa represión de la oposición revolucionaria cenetista (y de otras minorías revolucionarias) fue paralela y homóloga a la integración de los comités superiores en el aparato estatal (estuviesen o no en el gobierno). No se trataba de ninguna traición de los dirigentes a las bases, sino de las dos vertientes necesarias de un mismo proceso contrarrevolucionario SELECTIVO: persecución de los revolucionarios e institucionalización de los comités superiores.

El orden público antifascista se fundamentaba en la unidad antifascista de todas las organizaciones con el objetivo único de ganar la guerra. Esa victoria militar implicaba y profundizaba la militarización de las Milicias, de las fuerzas del orden, del trabajo, de las relaciones sociales y la política. La guerra devoró a la revolución.

TESIS NÚMERO 10

La resistencia al desarme de los comités de barrio, en diciembre de 1936, provocó su hibernación por parte de la Federación Local de Sindicatos; pero cuando el 4 de marzo de 1937 un decreto unificó a guardias de asalto y guardias civiles, bajo el mando del gobierno de la Generalidad, los sindicatos respondieron a esa amenaza volviendo a financiar, armar y reactivar a los comités de defensa de los barrios. La ofensiva de estalinistas, republicanos, catalanistas y Generalidad se había solidificado y parecía imparable. El hambre popular había expresado su descontento en las manifestaciones de mujeres del 14 de abril en distintos mercados de Barcelona. Del 12 al 24 de abril de 1937, la Federación Local de Grupos anarquistas, las JJLL y los comités de defensa de los barrios se prepararon para una insurrección, capaz de enfrentarse al progresivo avance represivo de la contrarrevolución. A mediados de abril Herrera y Escorza negociaron con Companys un nuevo gobierno y una salida a la crisis gubernamental. Se iniciaron los primeros sumarios por "cementerios clandestinos", que culpaban y encarcelaban a los miembros de los comités de las jornadas revolucionarias de julio. El 27 de abril de 1937, las autoridades de Bellver, apoyadas por el gobierno de la Generalidad y envalentonadas por la creciente invasión de carabineros en la Cerdaña, organizaron una emboscada para asesinar a Antonio Martín, desencadenando una ofensiva represiva contra los anarquistas en esa comarca. Los comités superiores creían que bastaría "con enseñar los dientes" al PSUC, ERC y la Generalidad, para detener su ofensiva represiva. Los comités de defensa de las barriadas de Barcelona desbordaron a los comités superiores, desencadenando el 3 de mayo una insurrección revolucionaria, que escapó a su control.

Desde junio de 1937, disueltas las Patrullas de Control, se asistió a una reconquista de las distintas localidades y comarcas por parte de las fuerzas de asalto y de la guardia civil, que aplicaron una represión brutal contra los cenetistas y muy especialmente contra los ex patrulleros y los militantes más destacados. En muchos lugares la organización cenetista desapareció, como en Cerdanya y Tierras del Ebro.

Esa represión del anarcosindicalismo fue acompañada por una actitud pasiva de los comités superiores, que optaron por una defensa individual y jurídica de los presos, en lugar de una defensa colectiva y política. Los millares de presos anarcosindicalistas exigieron a los comités superiores un mayor compromiso y solidaridad, que sólo consiguió que el CR de la CNT y el CR de la FAI accedieran a sacar una prensa clandestina, que realizó una campaña en favor de los presos.

El 9 de junio de 1937, Campos y Xena se enzarzaron en una bizantina discusión sobre si seguía existiendo, o no, el llamado Comité de Comités, instaurado el 23 de julio de 1936 como un instrumento directivo y centralizador de la CNT-FAI, capaz de tomar decisiones urgentes e importantes, sin consultar a la base militante.

A los pocos días, el 14 de junio se constituyó formalmente la Comisión Asesora Política (CAP), que no era más que una resurrección y actualización del Comité de Comités surgido en julio de 1936. Las motivaciones eran idénticas, la necesidad de un organismo ejecutivo que tomara rápidamente las decisiones más importantes y urgentes. Pero ahora se añadía una nueva razón: que los comités de defensa NO volviesen a desbordar a los comités superiores, como había sucedido en mayo. Y para abastecer, controlar e impedir otro posible desbordamiento de los comités de defensa se creó el denominado Comité de Enlace, supeditado a la CAP.

TESIS NÚMERO 11 Y ÚLTIMA

En julio de 1936, la cuestión esencial no fue la toma del poder (por una minoría de dirigentes anarquistas), sino la de coordinar, impulsar y profundizar la destrucción del Estado por los comités. Los comités revolucionarios de barriada (y algunos de los comités locales) no hacían o dejaban de hacer la revolución: eran la revolución social.

Mientras los comités superiores convertían a la CNT en una organización antifascista más, dedicada a la recuperación y fortalecimiento del aparato estatal republicano; los comités revolucionarios asumían la tarea de destruir el Estado y de sustituirlo en todas sus funciones.

El papel de la CNT, como sindicato, quizás debería haberse reducido transitoriamente a la gestión de la economía, pero subordinándose y disolviéndose en la nueva organización que brotaba de los Comités de barrio, locales, de fábrica, de abastos, de defensa, etcétera. La incorporación masiva de los trabajadores, muchos de ellos ausentes hasta entonces del mundo proletario organizado, introducía una nueva realidad. Y la realidad que la revolución había creado era distinta a la que existía antes del 19 de julio. Las antiguas organizaciones y partidos políticos quedaban, en la práctica, fuera de la nueva realidad social instaurada. El organismo revolucionario de los comités revolucionarios, generalizado a todos los niveles, debería haber representado a todo el proletariado revolucionario, sin las absurdas divisiones de unas siglas, que tenían sentido antes de la insurrección de julio, pero no después.

La CNT-FAI debería haber sido la levadura del nuevo organismo revolucionario, coordinador de los comités, desapareciendo en el propio proceso de fermentación revolucionaria (al mismo tiempo que se disolvían el resto de organizaciones y partidos).

Después de la insurrección victoriosa de los obreros y de la derrota del ejército, y con el acuartelamiento de las fuerzas de orden público, la destrucción del Estado dejó de ser una futurista utopía abstracta.

La destrucción del Estado por los comités revolucionarios era una tarea muy concreta y real, en la que esos comités asumían todas las tareas y funciones que el Estado desempeñaba antes de julio de 1936.

Los Amigos de Durruti concluyeron que faltó una vanguardia (no sustitutoria) dispuesta a defender esa autonomía proletaria, capaz de coordinar, extender y fortalecer esos comités revolucionarios: Los Amigos de Durruti la llamaron Junta Revolucionaria, pero no supieron ni pudieron ponerla en práctica, aunque en el cartel que distribuyeron a finales de abril de 1937 en Barcelona proponían decididamente la sustitución de la Generalidad por esa Junta Revolucionaria.

Agustín Guillamón, Charla en el Ateneo Libertario La Idea,
Madrid, 17 de mayo de 2024

Estas once tesis se fundamentan en estos libros de Agustín Guillamón:

Los Comités de Defensa de la CNT en Barcelona. Descontrol, Barcelona, 5ª edición

Los Amigos de Durruti. Historia y antología de textos. Descontrol, 2ª edición, 2021

Durruti sin mitos ni laberinto y otras estampas. Sabotajes de sueños, Madrid, 2022

CNT versus AIT. Los comités superiores cenetistas contra la oposición revolucionaria interna e internacional. Descontrol, 2022

Anarquistas y Orden Público. Josep Asens y las Patrullas de Control. Descontrol, 2025.

AGRUPACION LOS AMIGOS DE DURRUTI

A LA CLASE TRABAJADORA

1 Constitución inmediata de una Junta revolucionaria integrada por obreros de la ciudad, del campo y por combatientes.

2 Salario familiar. - Carta de racionamiento. Dirección de la economía y control de la distribución por los sindicatos.

3 Liquidación de la contrarrevolución.

4 Creación de un ejército revolucionario.

5 Control absoluto del orden público por la clase trabajadora.

6 Oposición firme a todo armisticio.

7 Una justicia proletaria.

8 Abolición de los canjes de personalidades.

ATENCION TRABAJADORES

Nuestra agrupación se opone a que la contrarrevolución siga avanzando. Los decretos de orden público, patrocinados por Aiguadé, no serán implantados. Exigimos la libertad de Maroto y la de los camaradas detenidos.

Todo el poder a la clase trabajadora

Todo el poder económico a los Sindicatos

Frente a la Generalidad, la Junta revolucionaria

Cartel de Los Amigos de Durruti
(finales de abril de 1937)

NOTAS

01. Para una comprensión de las raíces del pensamiento enciclopedista, del que se nutre el señor Amorós, es aconsejable la lectura del texto titulado "Del situacionismo al abismo", disponible en diversas webs.

02. Amadeo Bordiga (1889-1970) fue un revolucionario marxista italiano que, en 1921, protagonizo la fundación del PCd'I, siendo su máximo dirigente hasta diciembre de 1922. Fue expulsado por los estalinistas en 1930. En los años sesenta inspiró a diferentes corrientes de ultraizquierda.

03. La ultraderecha de *Vox*, pero también del PP y *Junts*, por no hablar de los nazis independentistas de *Aliança Catalana*.

04. PSOE, *Podemos*, PNV y ERC.

EL GRUPO FRANCO-ESPAÑOL DE LOS AMIGOS DE DURRUTI

01. Este artículo ha sido posible gracias a la inestimable colaboración personal y extraordinaria gentileza de Phil Casoar, que nos descubrió y facilitó la documentación pertinente, así como excelentes notas biográficas sobre Mercier Vega, Feuillade y Carpentier. Cfr. VARIOS AUTORES: *Présence de Louis Mercier*. Atelier de Création Libertaire, Lyon, 1999; muy especialmente los capítulos de CASOAR, Phil: "Avec la colonne Durruti: Ridel dans la révolution espagnole" y BERRY, David: "Charles Ridel et la revue *Révision* (1938-1939)".

02. Charles Cortvrint, nacido en Bruselas en 1914. Militó desde los 16 años en el movimiento anarquista belga. Instalado en París, representó a la UA en el congreso de Orleáns de 1933. Sus seudónimos más conocidos fueron los de Charles Ridel (que usó en España) y Louis Mercier Vega (que usó en el exilio chileno) que se convirtió en su seudónimo más conocido, con el que firmó varios libros. Se suicidó el 20 de noviembre de 1977, en el aniversario de la muerte de Durruti.

03. Nació en Reims en 1904, en una familia obrera. Pasó su infancia en el Pas de Calais. Deportado con su padre a Alemania a los diez años, acabada la Gran Guerra trabajó en la retirada de obuses y relleno de las trincheras, luego en fábricas del textil, en la mina, descargador en el puerto de Rouen, etcétera. En París desde 1924 empezó a frecuentar a los anarquistas de *Le Libertaire*. Fallecido en 1988.

04. Véase *Le Libertaire* nº 574 y 575 (4 y 11 de noviembre 1937).

05. Mitin organizado por la Union Anarchiste el 18 de junio de 1937 en el Velódromo de Invierno de París, en el que intervinieron Federica Montseny y Juan García Oliver. En ese mitin el grupo trotskista Union Communiste distribuyó un "Manifiesto", recogido y malinterpretado por César Martínez Lorenzo, en su libro, como un "Manifiesto de Unión Comunista" de Los Amigos de Durruti y el POUM, que jamás existió.

06. Cachin era un destacado dirigente del PCF y Jouhaux era el secretario de la CGT.

07. Parece estar defendiendo la Junta Revolucionaria propuesta por Los Amigos de Durruti. Pese a que se acepta la instauración de una dictadura del proletariado (democrática para las organizaciones proletarias, y beligerante contra la contrarrevolución encarnada en los partidos burgueses y estalinistas); no se toma como fundamento de ese poder obrero a los comités revolucionarios surgidos en julio de 1936, sino un gobierno sindical, en consonancia con la ideología anarcosindicalista.

08. De nuevo nos hallamos ante una cerrada defensa de los postulados anarcosindicalistas. La alternativa que se propone al colaboracionismo es la de un gobierno sindical, una alianza CNT-UGT, sin tener en cuenta que, en 1938, y sobre todo en Cataluña, la UGT ya no es más que una organización estalinista. Frente a la afirmación inicial del discurso favorable a una dictadura del proletariado (que es una dictadura de clase contra las organizaciones contrarrevolucionarias, que no es la dictadura de un partido (estalinista) dictatorial, que es plenamente democrático respecto a las organizaciones obreras revolucionarias), se establece ahora un antagonismo entre dictadura del proletariado y anarquismo.

09. No tiene nada que ver con otro René Dumont, autor de numerosos libros de economía, demografía, entre los que destaca *L'Utopie ou la mort!.*

10. Publicado en el folleto de la Agrupación de Los Amigos de Durruti, redactado por Balius "Hacia una nueva revolución". Se trata de un fragmento del capítulo titulado "Nuestro programa".

11. Véase *Class Wa ron the Home Front.* A Wildcat Pamphlet, Manchester, 1986, que reproduce además el citado artículo.

12. Véase la carta de André Proudhommeaux a "H. Chazé" [G. Davous], en CAZÉ, H.: *Chronique de la Révolution espagnole. Union Communiste (1933-1939).* Spartacus, París, 1979, p. 116.

13. Las relaciones políticas entre André Prudhommeaux y Gaston Davoust, así como el intercambio de la prensa de sus respectivos grupos, era anterior al inicio de la guerra de España, según nos consta en la carta dirigida por André Prudhommeaux a Gaston Davoust el 25 mayo de 1935, facilitada amablemente por Henri Simon.

14. Sobre Ethel McDonals puede consultarse el folleto de HODGART, Rhona M.: Ethel MacDonald. *Glasgow Woman Anarchist.* Pirate Press/Kate Sharpley Library, s.l., s.d. (del que amablemente Paul Sharkey nos facilitó unas fotocopias).

15. "LEspagne indomptée". *L'Espagne nouvelle*, an III, numéros 67-69, julio-septiembre 1939.

16. El colaboracionismo creó un gran malestar en el movimiento libertario catalán. Después de mayo de 1937 aparecieron, además de *El Amigo del Pueblo*, varias cabeceras libertarias clandestinas: *Alerta, Anarquía, Libertad* y *Liberación*. En Cataluña, existía una escisión de hecho en las Juventudes Libertarias, enfrentadas en dos organizaciones distintas. En las actas de las reuniones de la Federación Local (de Barcelona) de Grupos anarquistas, la oposición a los llamados "comités superiores" era mayoritaria y de ruptura absoluta, aunque jamás llegó a materializarse.

17. Gerö había impulsado, desde el PSUC, una política represiva selectiva, que respetaba a los cenetistas colaboracionistas, al mismo tiempo que perseguía a los anarquistas críticos y revolucionarios. Véase los informes de "Pedro" a Moscú; en "La NKVD y el SIM en Barcelona. Algunos informes de Gerö sobre la Guerra de España". *Balance. Cuadernos de historia*. Cuaderno número 22 (2001).

18. Un intento de hacer ese balance se encuentra en GUILLAMÓN, Agustín: *Barricadas en Barcelona. La CNT de la victoria de Julio de 1936 a la necesaria derrota de Mayo de 1937*. Ediciones Espartaco Internacional, Barcelona, 2007. Ahora en el artículo 10: "Once tesis clasistas..."

ÍNDICE

COLOSSUS
col·lecció
bressol de l'anarquia

TÍTOLS PUBLICATS

| 01 | *Los Municipios Libres. Ante las puertas de la anarquía,*
    Federico Urales, 2015.
| 02 | *Anarquía a pie de calle,*
    Ruymán Rodríguez, 2016.
| 03 | *Sebastià Sunyer i Gavaldà. Vida d'un propagandista tolstoià,*
    Fran Fernández Gómez, 2017.
| 04 | *La coacción moral. Fundamentos de una nueva ética social,*
    Ricardo Mella, 2017.
| 05 | *La anarquía al alcance de todos,*
    Federicos Urales, 2018.
| 06 | *Polémicas Salvajes,*
    Ruymán Rodríguez, 2018.
| 07 | *Ecología y Pensamiento Revolucionario,*
    Murray Bookchin, 2019.
| 08 | *Horas de Revolución,*
    Lucía Sánchez Saornil, 2019.
| 09 | *Entre la revolución y la utopía.*
    Los anarquistas españoles ante Cuba y Venezuela (1958-1961),
    Manuel de Paz Sánchez | Ángel Dámaso Luis León, 2019.
| 10 | *Propuestas proudhonianas,*
    Erick Benítez Martínez, 2019.
| 11 | *Movimiento libertario y educación en España (1901-1939),*
    Emili Cortavitarte Carral, 2019.
| 12 | *Mujeres libertarias en Jerez:*
    El Sindicato de Emancipación Femenina. Pioneras del feminismo en la ciudad,
    Aurore E. Van Echelpoel / Francisco J. Cuevas Noa, 2020.

CALUMNIA

Esta primera edición de
Contra el Estado.
Tesis sobre guerra, revolución y proletariado

de AGUSTÍN GUILLAMÓN
se publicó el día 15 de abril de 2026.